Geschichte Geschehen

Herausgeber:
Jörg Schelle

Autorinnen und Autoren:
Daniela Bender
Ludwig Bernlochner
Rolf Brütting
Jörg Echternkamp
Michael Epkenhans
Ursula Fries
Gerhard Henke-Bockschatz
Bärbel Kuhn
Georg Langen
Heinz Niggemann
Michael Sauer
Helge Schröder
Hans Steidle
Susanne Thimann-Verhey
Martin Thunich

Ernst Klett Schulbuchverlage
Stuttgart · Leipzig

1. Auflage 1 5 4 3 2 | 2010 2009 2008 2007
Alle Drucke dieser Auflage können im Unterricht nebeneinander benutzt werden, sie sind untereinander unverändert. Die letzte Zahl bezeichnet das Jahr des Druckes.

Internetadresse: http://www.klett.de

Redaktion: form & inhalt verlagsservice Martin H. Bredol, Seeheim-Jugenheim

Satz: Druckmedienzentrum, Gotha
Einbandgestaltung: Krause Büro, Leipzig
Repro: Meyle & Müller, Medien-Management, Pforzheim
Druck: Druckhaus Götz GmbH, Ludwigsburg

Printed in Germany

ISBN 13: 978-3-12-411073-2
ISBN 10: 3-12-411073-0

9 783124 110732

Inhaltsverzeichnis

Europa: Welche Traditionen führen in die Zukunft?

Der Absolutismus in Europa

Auf dem Weg zur Demokratie: England und die USA

Die Französische Revolution – Aufbruch in die moderne Gesellschaft

Industrialisierung und Soziale Frage

Deutsche streben nach Freiheit und Einheit

Imperialismus und Erster Weltkrieg

Vom Zarenreich zur Sowjetunion

Die Weimarer Republik

Nationalsozialismus und Zweiter Weltkrieg

Deutschland nach dem Krieg

Der Ost-West-Konflikt

Von der Teilung zur Wiedervereinigung: Deutschland nach 1949

Kriegserfahrung und Friedensbemühungen

Der Schmelztiegel Rom – ein Vorläufer

A. Der Philosoph Seneca (4–65 n. Chr.) schrieb über Rom:
Schau dir nur diese Volksmenge an, für die die Häuser einer riesigen Stadt kaum ausreichen! Der größte Teil dieser Masse hat hier nicht seine Heimat. Aus ihren Landstädten und Kolonien, ja aus dem ganzen Erdkreis sind sie zusammengeströmt. Die einen brachte der Ehrgeiz hierher oder der Wunsch, ein öffentliches Amt zu bekleiden, andere ihre Genusssucht. Manche sind aus Bildungshunger gekommen, andere wegen der Zirkusspiele. Freundschaftliche Verbindungen haben die einen hergezogen, andere ihr Geschäftssinn, der hier ein großes Betätigungsfeld findet. Manche tragen ihre schöne Gestalt zu Markte, andere ihre Beredsamkeit. Jede Art von Menschen ist in der Hauptstadt, die für Tugenden wie für Laster hohe Preise aussetzt, zusammengekommen. Lass sie doch einmal ihre Namen nennen und frage, woher jeder stamme: Du wirst sehen, dass der größere Teil seine Wohnsitze verlassen hat und in die so große herrliche Stadt gekommen ist – die aber nicht ihre ist! Alsdann verlasse diese Stadt, die freilich die Vaterstadt aller genannt werden kann, und gehe in allen anderen Städten umher: Eine jede hat einen großen Anteil fremder Bevölkerung.

(Seneca, Cons. ad Helv. 6,2–4, übers. M. Tochai)

B. Der Dichter Juvenal (60–140 n. Chr.) über Fremde in Rom:
Das griechische Rom (...) ist unerträglich! Gewiss, nur ein Teil dieses Abschaums sind echte Griechen. Denn in den Tiber fließt längst der syrische Fluss Orontes und schwemmt syrische Sprache und Sitten und Flötenmusik an. (...) Alle Berufe bringt er dir ins Haus, du brauchst nur zu wünschen: Sprachlehrer, Maler, Masseur, Seiltänzer, Magier, Arzt – ein hungriges Griechlein kann alles und macht alles.

(Juvenal, Satiren 3, 60, übers. Veit Sturm)

C. Der Bischof Synesios von Kyrene (370–412) über Ereignisse am Kaiserhof in Konstantinopel:
Der Hirte darf unter die Wachhunde nicht die Wölfe mischen ... Ebenso darf der Gesetzgeber denen keine Waffen in die Hände geben, die nicht als Römer geboren und aufgewachsen sind (...) Denn bevor man die Goten hier Waffen tragen lässt, soll man (von den eigenen Männern verlangen, für das Land zu kämpfen) (...) und so weit gehen, dass man den Gelehrten aus seiner Denkstube, den Handwerker aus seiner Werkstatt und den Krämer aus seiner Bude herausholt (...) Die Goten sollen also zuerst aus allen Ämtern verdrängt werden ... (Sie ziehen) ein römisches Gewand über und (beraten) mit römischen Beamten über vorliegende Fragen (...) Doch kaum kommen (sie) aus der Sitzung, stecken (sie) wieder in Fellkleidern.

(Synesios von Kyrene: Rede über das Königtum, S. 21 f.)

D. Aus dem Codex Theodosianus, einem Erlass der Kaiser Gratian,Valentinian und Theodosius aus dem Jahr 380 n. Chr.:
Alle Völker, über die wir ein mildes, gnädiges Regiment führen, sollen, das ist unser Wille, in der Religion leben, die der göttliche Apostel Petrus den Römern überliefert hat (...) und der, wie wir sehen, Damasus (der Bischof von Rom) sich anschließt ...; wir meinen damit, dass wir nach der apostolischen Ordnung und der evangelischen Lehre eine Gottheit des Vaters, des Sohnes und des Heiligen Geistes in gleicher Majestät und gütiger Dreieinigkeit im Glauben annehmen. Wer diese Gesetze befolgt, der soll den Namen eines katholischen Christen führen; die anderen aber, die wir für töricht und wahnsinnig erklären, sollen die Schmach ketzerischer Lehre tragen ... Sie selbst aber unterliegen zuerst der göttlichen Strafe, dann aber auch der, die wir nach dem Willen Gottes zu verhängen uns entschließen.

(Cod. Theodosianus, 16, 5, 28, in: Geschichte in Quellen, Bd. 1, München: bsv 1978, S. 764)

E. Der Althistoriker Karl-Wilhelm Weeber über den Umgang mit Fremden im antiken Rom:
Die römische Gesellschaft war grundsätzlich tolerant und offen. Ausländerfeindliche Vorurteile kamen gewissermaßen nur punktuell hoch, wenn einzelne Römer es als ungerecht empfanden, daß es ihnen als Angehörigen des „ursprünglichen" Staatsvolkes schlechter ergehe als anderen im Reich lebenden Völkern (...). Von gewalttätigen Eruptionen war diese Fremdenfeindlickeit aber im allgemeinen weit entfernt; es ist sogar sehr fraglich, ob man von einer latenten Fremdenfeindlickeit überhaupt sprechen kann. Trotz der zum Teil sehr krassen Vorwürfe gegenüber den Juden (...) verhielt sich der römische Staat gegenüber den jüdischen Minderheiten im ganzen ausgesprochen duldsam. Rassisch begründeten Antisemitismus kannte das Altertum ebensowenig, wie es rassistische Theorien einer „Überlegenheit" der weißen gegenüber der schwarzen Rasse entwickelt hat.

(Karl Wilhelm Weeber: Alltag im Alten Rom, Zürich: Artemis 1995, S. 109)

des vereinigten Europa?

„Römer und Römerin" aus Ägypten

„Römer und Römerin" aus Italien

1. *Auf welche Weise wirkte das Römische Reich als Schmelztiegel, wo gab es Probleme? Erläutere, inwiefern man in der Spätantike von einem einheitlichen Europa sprechen kann. Begründe deine Meinung.*
2. *Inwieweit zeigen die Quellen Zustände und Entwicklungen, wie sie heute auch in den Ländern und Städten der EU zu beobachten sind?*

Europäische Haus- und Viehwirtschaft

Karikaturisten nehmen gerne bekannte Bilder, Wörter oder Symbole zum Ausgangspunkt für ihre kritische und spöttische Zeichnung. Besonders beliebt sind Vergleiche aus dem Bereich von Hausbau, Haushalt und Viehhaltung.

„Irgendwie find ich, lässt die Statik zu wünschen übrig." – Diese Karikatur von Walter Hanel aus dem Jahr 1992 nimmt Bezug auf eine Aussage des damaligen sowjetischen Staatschefs Michail Gorbatschow, der im Jahr 1989 vom „gemeinsamen Haus Europa" sprach. Welche Meinung äußert diese Karikatur über dieses gemeinsame Haus?

____

____

„Zahlmeister Deutschland". – Die Karikatur von Peter Leger aus dem Jahr 1985 zeigt ein nicht nur in Deutschland beliebtes Vorurteil. Die Figur mit der Zipfelmütze stellt den deutschen „Michel", einen Kleinbürger, dar. Was erzählt der Karikaturist über die deutsche Rolle in der EU?

____

____

„Auf dem Weg nach Maastricht". – Die Karikatur von Fritz Wolf aus dem Jahr 1991 spielt auf die Europapolitik von Bundeskanzler Helmut Kohl (1982–1998) an, der mit der Wiedervereinigung Deutschlands 1990 eine verstärkte europäische Einigungspolitik versprach. Welche Rolle spricht die Karikatur Deutschland in Europa zu?

____

____

„Doppelhaus mit Brandmauer". Karikatur von Luis Murschetz 1991. – Bis 1989 trennte die Mauer West- und Ostberlin, die Grenze zu den kommunistischen Staaten teilte Europa. Nach der demokratischen Revolution in Osteuropa wollten die dortigen Staaten der Europäischen Gemeinschaft beitreten. Wie sieht der Karikaturist zwei Jahre nach dem Fall der Mauer die Chancen für ein „gemeinsames Haus Europa"? Hat er Recht behalten?

____

____

Ein vernünftiges und demokratisches Europa

Leonardo

Galilei

Descartes

Rousseau

A. Der Renaissancekünstler als Wissenschaftler:
Dieser ausgezeichnete Mann (Leonardo da Vinci) hat eine Anatomie verfasst, die, durch Zeichnungen verdeutlicht, bis ins einzelne geht, sowohl was die Gliedmaßen, wie Muskeln, Sehnen, Adern, Gelenke und Eingeweide anbelangt, und er vermag über dies alles so ausführlich zu sprechen, sowohl was den männlichen wie den weiblichen Körper anbelangt, wie bisher noch niemand. Dies haben wir mit eigenen Augen gesehen, und er sagte, dass er bereits mehr als 30 Männer- und Frauenkörper jeglichen Alters anatomisch untersucht hat.

(Antonio de Beatis, 10.10.1517, in H. Schimank, Epochen der Naturforschung, München: Heinz Moos Verlag 1964, S. 38 f.)

B. Galilei für die Verständlichkeit der Wissenschaft
Jeder soll meine Briefe und Abhandlungen lesen können. Viele studieren ohne Neigung, und viele Begabte können nicht studieren, weil sie kein Latein können und sich nun einreden, jene dicken Wälzer enthielten die Wahrheit. Sie sollen wissen, dass die Natur, die ihnen nicht minder als den Gelehrten die Augen gegeben hat, um ihre Werke zu sehen, ihnen auch den Verstand verliehen hat, um sie zu begreifen und fassen zu können.

(Galilei, Dialoghi e discorsi 1632. In: Propylaen Weltgeschichte, Bd. 7, Berlin: Propyläen Verlag 1964, S. 470)

C. René Descartes über die richtige Erkenntnis:
Die (erste) Regel ist: Niemals eine Sache als wahr anzunehmen, die ich nicht als solche sicher und einleuchtend erkennen würde; d.h. sorgfältig die Übereilung und das Vorurteil zu vermeiden und in meinen Urteilen nur so viel anzunehmen, wie sich mir so klar und deutlich zeigt, dass ich gar keine Möglichkeit hätte, daran zu zweifeln.

(R. Descartes, Abhandlungen über die Methode des richtigen Vernunftgebrauchs, 1637. Ditzingen: Reclam Jahr, S. 18 f.)

D. Religionskritik im 18. Jahrhundert:
Es scheint, dass die Religion überall nur dazu erfunden worden ist, den Herrschern die Mühe zu ersparen, gerecht zu sein, gute Gesetze zu geben und gut zu regieren. Die Religion ist die Kunst, die Menschen zu berauschen, indem sie dieselben mit Verzückung erfüllt, und sie davon abzuhalten, sich Gedanken zu machen über alles Übel, mit dem ihre Regenten sie hienieden überhäufen …

(P. H. D. v. Holbach, Le christianisme devoilé, 1767. In: Guggenbühler/Huber: Quellen zur Geschichte der Neuzeit Bd. 3, Zürich: Verlag 1965, S. 338)

E. Das Recht auf Revolution und Demokratie:
Der Mensch wird frei geboren und überall ist er in Ketten (…) Solange ein Volk gezwungen wird zu gehorchen und gehorcht, so tut es wohl; sobald es aber das Joch abwerfen kann und es abwirft, so tut es besser (…). Rechtmäßige Gewalt kann nur auf einer Übereinkunft der Menschen gründen (…) Auf seine Freiheit verzichten, heißt auf seine Menschheit, die Menschenrechte, ja selbst auf seine Pflichten verzichten. Wer auf alles verzichtet, für den ist keine Entschädigung möglich. Eine solche Entsagung ist mit der Natur des Menschen unvereinbar.

(J. J. Rousseau, Der Gesellschaftsvertrag, 1972; Stuttgart: Reclam 1963, S. 30, 36)

1. *Stelle aus den Texten die Grundlagen des wissenschaftlichen Denkens zusammen, das in Europa seit dem 16. Jahrhundert entwickelt wurde. Welche Folgen hatte es für die Menschen?*
2. *Das Denken der Aufklärung bezeichnete man als „kritisches Denken". Wie erklärst du das? Stelle einen Zusammenhang mit dem wissenschaftlichen Denken her.*
3. *Inwiefern gehören diese beiden Denkweisen zu gestaltenden Kräften Europas.*

Nach der osteuropäischen Revolution

„Beerdigung des Kalten Krieges". Karikatur von Horst Haitzinger aus dem Jahr 1990. – Seit 1970 versuchten die Länder des Westens und des Ostens, durch Entspannungspolitik die Gefahr eines Atomkrieges zu vermindern. Die demokratische Reform in der Sowjetunion unter Gorbatschow und die Abrüstung fanden 1990 einen Höhepunkt in der Konferenz der europäischen Staaten, der USA und Kanadas. Welche Bedeutung wurde der Konferenz beigemessen, welche Hoffnungen sollten erweckt werden?

„Fahnenflucht" Karikatur von Peter Bensch. – Gorbatschow wollte durch Reformen die Sowjetunion und ihr Bündnissystem in Osteuropa retten. Zeige an Hand der Karikatur, welche Folgen diese Politik in Osteuropa hatte (RGW bedeutet „Rat für gegenseitige Wirtschaftshilfe"). Nenne die möglichen Gründe für die hier angezeigte Entwicklung.

„Macht hoch die Tür, die Tor macht weit". Karikatur von Horst Haitzinger, 1997. – Diese Karikatur verdeutlicht die Situation in den 90er Jahren. Beschreibe diese Lage und die Meinung des Karikaturisten dazu.
Stelle den Zusammenhang der drei Karikaturen her. Informiere dich, welche Länder gegenwärtig in die EU aufgenommen werden wollen und suche Karikaturen, die sich damit auseinandersetzen.

Der Sonnenkönig wird karikiert

Der englische Dichter William Makepeace Thackeray (1811–1863) hat während seines Studiums auch einige Jahre in Paris gelebt. Er gestaltete die folgende Karikatur über Ludwig XIV.

Rex ist das lateinische Wort für König, Ludovicus die latinisierte Form des Namens Ludwig.

1. *Erarbeite die Aussage der Karikatur und die benutzten Darstellungsmittel. Als Hilfe können dir die „Methodischen Arbeitsschritte" aus der „Gewusst wie"-Doppelseite „Karikaturen verstehen und deuten" im Buch (auch im Methodenglossar) dienen.*
2. *Vergleiche die Wirkung der Karikatur mit der Wirkung des Herrscherbilds, das Hyacinthe Rigaud von Ludwig XIV. gemalt hat. Du findest das Bild in deinem Geschichtsbuch. Auch zu dessen Erschließung findest du methodische Arbeitsschritte im Buch.*

Friedrich II. und der Müller Arnold – was ist gerecht?

In den „Berlinischen Nachrichten von Staats- und Gelehrtensachen" ließ der preußische König Friedrich II. am 14. 12. 1779 folgenden Text veröffentlichen:

Sie müssen nur wissen, dass der geringste Bauer, ja was noch mehr ist, der Bettler, ebenso wohl ein Mensch ist wie seine Majestät sind, und dem alle Justiz widerfahren muss: indem vor der Justiz alle Leute gleich sind, es mag sein ein Prinz, der gegen einen Bauern klagt oder umgekehrt, so ist der Prinz vor der Justiz dem Bauern gleich, und bei solchen Gelegenheiten muß nach der Gerechtigkeit widerfahren werden, ohne Ansehen der Person. Darnach mögen sich die Justiz Collegia in allen Provinzen nur richten, und wo sie nicht mit der Justiz ohne alles Ansehen der Person und des Standes gerade durchgehn, so sollen sie es mit Seiner königlichen Majestät zu thun kriegen. Denn ein Justiz-Collegium, das Ungerechtigkeiten ausübt, ist gefährlicher und schlimmer wie eine Diebsbande; vor der kann man sich hüten, aber vor Schelmen, die den Mantel der Justiz gebrauchen, um ihre üble Passiones auszuführen, vor denen kann sich kein Mensch hüten, die sind ärger wie die größten Spitzbuben, die in der Welt sind, und meritiren eine doppelte Bestrafung.

„Dem alle Justiz widerfahren muss" hat hier die Bedeutung von: für den die Gerichte genauso da sind. Ein Justiz-Collegium (Mehrzahl: Justiz-Collegia) ist ein Gerichtshof. Passiones kann man mit Leidenschaft, meritiren mit verdienen übersetzen. Diese letzten Begriffe stammen aus dem Lateinischen.

1. *Übertrage den Text in unser heutiges Deutsch.*
2. *Ordne anschließend seinen Inhalt in Friedrichs Konzept vom „Aufgeklärten Absolutismus" ein.*
3. *Überlege, wie sich der König folgerichtig gegenüber den Richtern verhalten sollte.*

Der Veröffentlichung ging folgender Sachverhalt voran:
Nachdem der königliche Landrat in der Neumark veranlasst hatte, dass ein Bachlauf zugunsten des Fischteichs eines Adligen umgeleitet wurde, führte ein Müller namens Arnold Klage, dass sein Betrieb nun durch Wassermangel stark benachteiligt sei. Er weigerte sich deshalb, den fälligen Erbzins für die Mühle an einen anderen Adligen zu zahlen. Nachdem er vor Gericht unterlegen und von der Mühle vertrieben worden war, wendete er sich an den König. Dieser beauftragte das Kammergericht in Berlin mit einer Überprüfung des Verfahrens. Als dieses dessen Rechtmäßigkeit bestätigte, entließ Friedrich den adligen Gerichtspräsidenten und verurteilte persönlich drei Richter zu Haft auf der Festung Spandau. Seine Begründung hierfür kann man ebenfalls in den „Berlinischen Nachrichten" nachlesen: „... damit sämmtliche Justiz-Collegia in Allen dero Provinzen sich darin spiegeln und keine dergleichen grobe Ungerechtigkeit begehen mögen". Auch was er als grobe Ungerechtigkeit einstufte, steht dort:

Kann man von einem Müller, der kein Wasser hat, also nicht mahlen und auch nichts verdienen kann, die Mühle deshalb nehmen, weil er keine Pacht bezahlt hat? Ist das gerecht? Dennoch wird prätendirt, der Müller solle seinen Zins nach wie vor geben, den er sonst entrichtet hat, da er noch das volle Wasser in seiner Mühle gehabt. Er kann aber den Zins nicht zahlen, da er die Einnahmen nicht mehr hat. Was tut die küstrinische Justiz? Sie befiehlt, daß die Mühle verkauft werden soll, damit der Edelmann seine Pacht kriegt, und das hiesige Kammergerichtstribunal approbirt solches.

Prätendirt bedeutet vorgetragen, approbirt bestätigt.

4. *Inwieweit hat sich der König an die Rechtsordnung gehalten?*

(Material entnommen aus: Venohr, W., Kabermann, F.: Brennpunkte Deutscher Geschichte 1450–1850, Kronberg: Athenäum 1978, S. 137)

Ein Abend bei der „Zarin von Paris"

Die literarischen Salons von Damen der „besseren Gesellschaft" in Paris waren für die Verbreitung der Gedanken der Aufklärung von großer Bedeutung. Die Darstellung zeigt den Salon der Madame Geoffrin (1699–1777) an der Rue Saint-Honoré.
Die Veranstaltungen im Salon der „Zarin von Paris", wie man sie auch nannte, galten als besonders bedeutend, wenn neue künstlerische oder literarische Werke vorgestellt werden sollten.
Hier ist eine Versammlung aus dem Jahr 1755 dargestellt. Das Bild des Künstlers Lemonnier (1743–1824) ist allerdings erst 1814 entstanden.

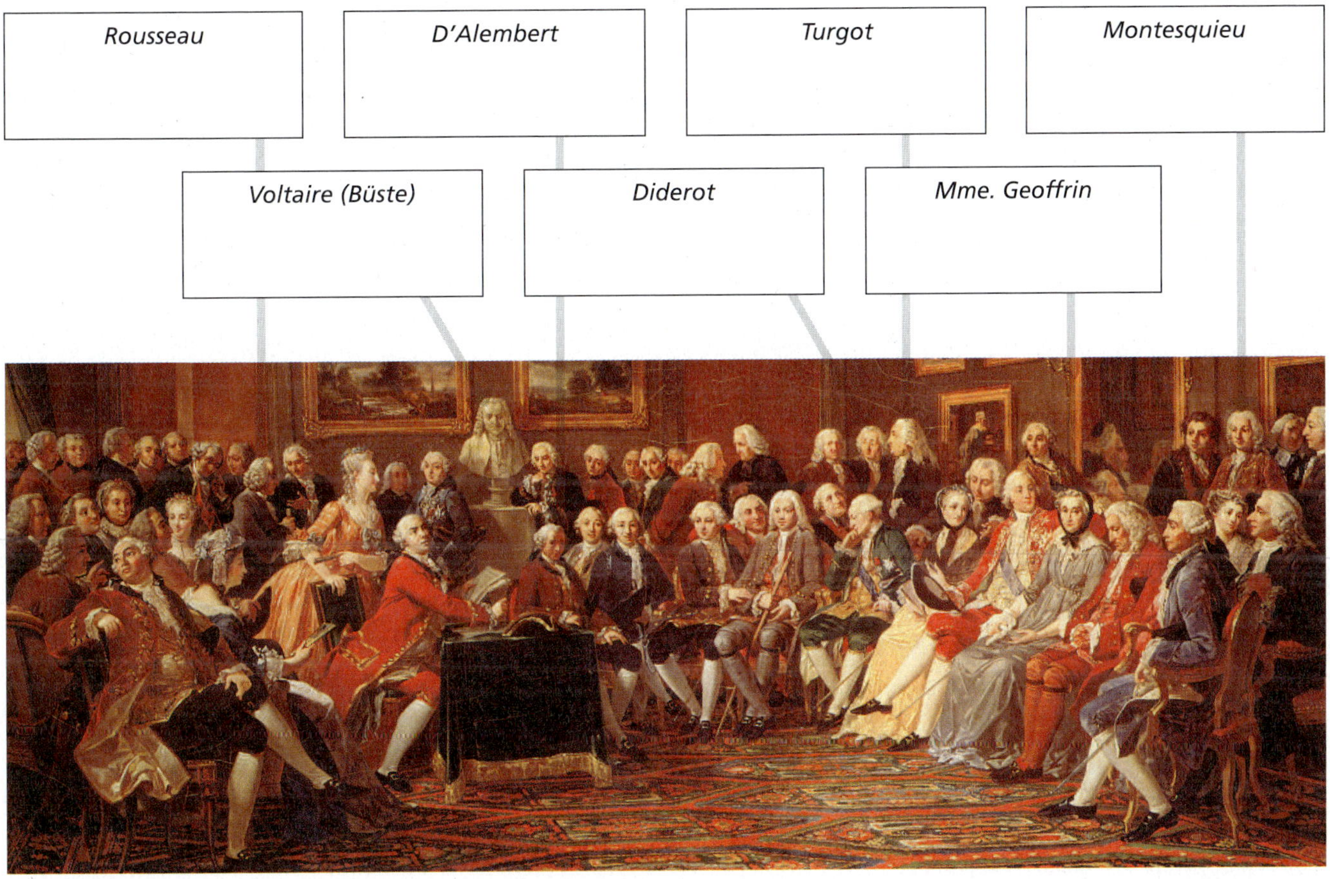

1. *Recherchiere im Buch, in Lexika oder im Internet Informationen zu den gekennzeichneten Personen und trage die Daten in die Kästchen ein.*
2. *Charakterisiere die anwesende Gesellschaft. Die Darstellung des Künstlers und die Informationen über einige Anwesende helfen dabei.*
3. *Der bedeutende und im Bild auch dargestellte Aufklärer Rousseau schreibt in seinem Roman „Emile", dass „die Erforschung der abstrakten Wahrheiten, der Prinzipien und Axiome (Grundsätze) der Wissenschaften, alles, was auf die Verallgemeinerung der Begriffe abzielt", nicht Sache der Frauen sei: „Ihre Studien müssen sich auf das Praktische beziehen." – Was hätte Madame Geoffrin darauf geantwortet?*

Karlsruhe – eine barocke Neugründung

Die gemeinsame Geschichte der Stadt Karlsruhe und des Schlosses beginnt mit der Grundsteinlegung am 17. Juni 1715 durch den Markgrafen Karl Wilhelm von Baden-Durlach.

Das Schloss ließ er sich als Residenz errichten, da der alte Herrschaftssitz in Durlach 1699 von französischen Truppen zerstört worden war. Es war zunächst teilweise aus Holz gebaut und musste deshalb 1746 ebenso wie die Stadt grundlegend saniert werden, seither ist es komplett aus Stein erbaut. 200 Jahre lang diente es als Regierungssitz des badischen Herrscherhauses, bis die Monarchie im November 1918 endete. Seit 1921 wird die ehemalige Residenz als Badisches Landesmuseum genutzt. Nach der Zerstörung im Zweiten Weltkrieg wurde das Schloss wieder aufgebaut.

Die Einwohnerzahl der Stadt wuchs in den ersten fünf Jahren auf rund 2000 Einwohner. Heute ist Karlsruhe eine Großstadt mit rund 270000 Einwohnern.

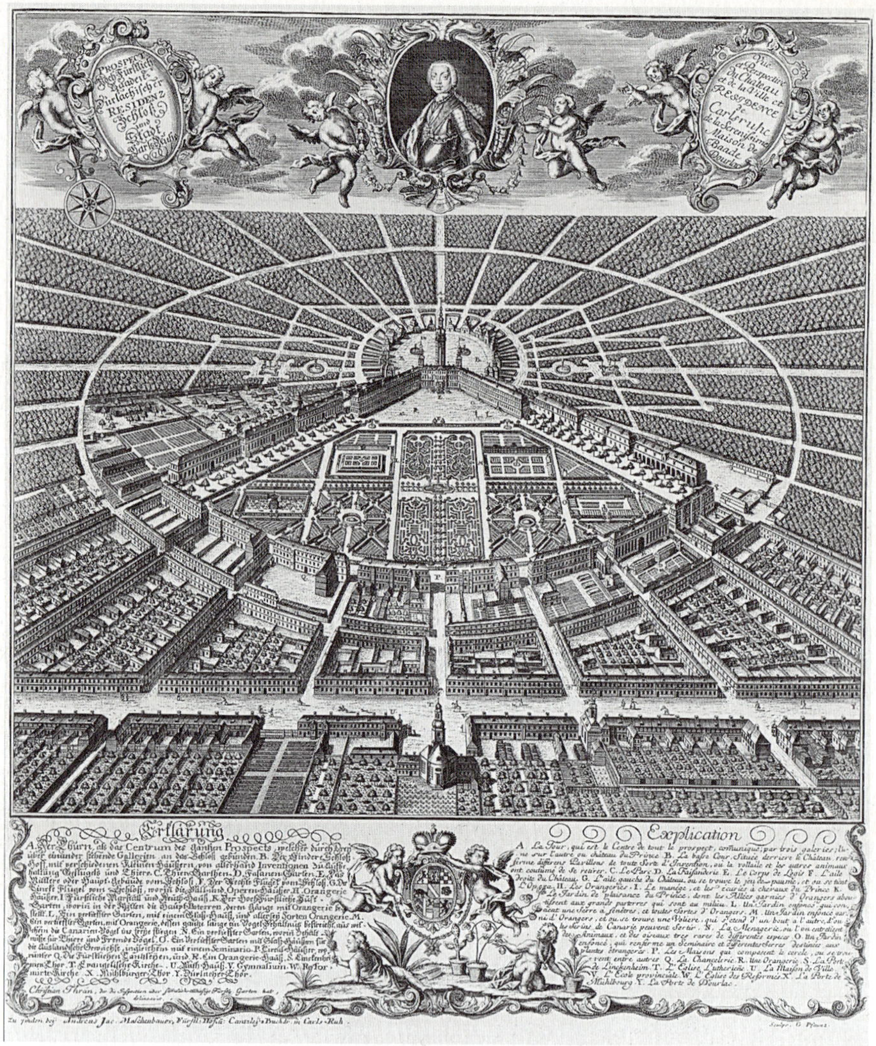

1. *Beschreibe in Einzelheiten die Form, die für die Schlossanlage und die im Vordergrund erkennbare Siedlung gewählt wurde.*
2. *Erläutere, in welcher Weise sich der Markgraf von Baden und sein Architekt von Ludwig XIV. und dessen Schloss Versailles haben beeinflussen lassen. Formuliere, welcher Anspruch des Markgrafen sich daran ablesen lässt.*
3. *Einem Einwohner des frühen Karlsruhe wurden die politischen Verhältnisse täglich nachhaltig verdeutlicht. Schreibe einen Brief, in dem er dies einem Bürger Kölns schildert. Kölns Stadtbild wird im 18. Jahrhundert noch stark durch mittelalterliche Strukturen geprägt, Köln ist allerdings schon lange eine „Freie Reichsstadt" ohne Abhängigkeit von einem Landesherrn.*

Kartoffeln – eine Knolle aus den Anden

Die Kartoffel stammt aus den südamerikanischen Anden, wo sie in Höhenlagen über 2000 m schon von den Inkas kultiviert wurde, so auch im Inkareich. Nach Europa gelangten Kartoffelpflanzen zuerst über die Spanier, die das Inkareich erobert hatten. Sie wurden aber zunächst als Zierpflanzen mit exotischem Flair bestaunt. Zum Grundnahrungsmittel wurde sie zunächst im 17. Jahrhundert in Irland, später auch in anderen Regionen Europas. Ihr Anbau verbesserte die Versorgung mit Grundnahrungsmitteln beträchtlich und ermöglichte damit ein Bevölkerungswachstum.

1 „Das Lied von der Kartoffel" des schwäbischen Lehrers Samuel F. Sauter (1766–1846)

1) Herbei, herbei zu meinem Schatz, Hans Jörgel, Michel, Stoffel,
und singt mit mir das Ehrenlied dem Stifter der Kartoffel.
Hans Drake hieß der brave Mann, der vor dreihundert Jahren
Von England nach Amerika als Kapitän gefahren.
Hi, ha, hopsasa, valderi, juchheirassa,
Von England nach Amerika als Kapitän gefahren.

2) Gott hat sie wie das liebe Brot zur Nahrung uns gegeben;
Wieviel Millionen Menschen sind, die von Kartoffel leben.
Von Hamburg bis nach Amsterdam, von Lübeck bis nach Brüssel
Kommt Johann mit Kartoffelsupp in riesig großer Schüssel.
Hi, ha, hopsasa, valderi, juchheirassa,
Kommt Johann mit Kartoffelsupp in riesig großer Schüssel.

3) Salat davon, gut angemacht, mit Feldsalat durchschossen,
Der wird mit großem Appetit von jedermann genossen.
Gebraten schmecken sie recht gut, in saurer Brüh nicht minder,
Kartoffelklöß, die essen gern die Großen und die Kinder.
Hi, ha, hopsasa, valderi, juchheirassa,
Kartoffelklöß, die essen gern die Großen und die Kinder.

Friedrich II. überwacht die Kartoffelernte

2 König Friedrich II.: Verfügung an die Land- und Steuerräte des Departements Breslau, 5. April 1757

Es ist Euch bereits (...) wiederholt unter dem 3. März dieses Jahres aufgegeben worden, den dem Lande, sonderlich der Armuth, so nützlichen Anbau der Kartoffeln Euch bestens angelegen sein zu lassen, denen Kreis Einsassen den grossen Nutzen davon begreiflich zu machen und selbigen zu fleissiger Anbauung dieser nahrhaften Frucht zu animiren und anzuhalten (...) Wenn auch viele kleine Leute keinen Aecker in den Feldern haben, und denen gleichwohl diese Frucht hauptsächlich zu ihrem Unterhalt zu Nutze kommt, so müssen diese angewiesen werden, bei ihren Häusern und in ihren Gärten, wo nur ein leerer Platz zu finden, diese so nützlichen Kartoffeln anzubauen, da sie den Vortheil haben, dass sie bei müssigen Stunden nahe beim Hause diese Frucht abwarten und desto mehrern Gewinnst davon ziehen können. Übrigens müsset Ihr es beim blossen Bekanntmachen der Instruction nicht bewenden, sondern durch die Landdragoner und andere Kreisbediente Anfangs Mai revidiren lassen, ob auch Fleiss in der Anpflanzung gebrauchet werde; wie Ihr denn auch selbst bei Euren Bereisungen untersuchen müsset, ob man sich deren Anpflanzungen angelegen sein lasse.

(Rudolf Stadelmann: Preußens Könige in ihrer Tätigkeit für die Landeskultur. Leipzig: Hirzel 1882, Bd. 2, S. 333)

Eine Instruction ist eine Anweisung, revidieren bedeutet überprüfen.

1. *Formuliere die „Botschaft" des Liedes.*
2. *Der Autor irrt an einer wichtigen Stelle der ersten Strophe. Stelle diese sachlich richtig und versuche eine Umdichtung.*
3. *Welche Gründe führten zum Anbau von Kartoffeln in Preußen?*
4. *Erarbeite Informationen zum Kartoffelanbau in der Bundesrepublik und insbesondere in deiner Heimatregion heute. Äußere dich zur aktuellen Bedeutung der Kartoffel als Nahrungsmittel.*
5. *Recherchiere entweder ein Rezept zu einer der in der dritten Strophe des Liedes genannten Zubereitungsarten oder ein traditionelles Kartoffelgericht deiner Heimat. Vielleicht besitzt eure Schule ja eine Lehrküche und ihr könnt es gemeinsam zubereiten.*

(Materialquelle: Peter Knoch (Hrsg.): Spurensuche Geschichte, Bd. 2, Stuttgart: Klett 1991, S. 95)

„… des Rechnens auch nicht kundig"

Am 28. Oktober 1717 wurde durch den preußischen König erstmals eine allgemeine Schulpflicht verordnet.

No. XCVII. Verordnung, daß die Eltern ihre Kinder zur Schule, und die Prediger die Catechisationes, halten sollen; vom 28. Sept. 1717.

Von Gottes Gnaden Fridrich Wilhelm, König in Preussen, Marggraff zu Brandenburg, des Heil. Römischen Reichs Ertz-Cämmerer und Chur-Fürst. rc.

Unsern rc. Wir vernehmen mißfällig und wird verschiedentlich von denen Inspectoren und Predigern bey Uns geklaget, daß die Eltern, absonderlich auf dem Lande, in Schickung ihrer Kinder zur Schule sich sehr säumig erzeigen, und dadurch die arme Jugend in grosse Unwissenheit, so wohl was das lesen, schreiben und rechnen betrifft, als auch in denen zu ihrem Heyl und Seeligkeit dienenden höchstnötigen Stücken auffwachsen laßen. Weshalb Wir umb diesem höchst verderblichen Uebel auff ein mahl abzuhelffen in Gnaden resolviret, dieses Unser General Edict ergehen zu laßen, und darinn allergnädigst und ernstlich zu verordnen, daß hinkünfftig an denen Orten wo Schulen seyn, die Eltern bey nachdrücklicher Straffe gehalten seyn sollen Ihre Kinder gegen Zwey Dreyer Wochentliches Schuel Geld von einem jeden Kinde, im Winter täglich und im Sommer wann die Eltern die Kinder bey ihrer Wirthschafft benötiget seyn, zum wenigsten ein oder zweymahl die Woche, damit Sie das jenige, was im Winter erlernet worden, nicht gäntzlich vergessen mögen, in die Schuel zuschicken. Falß aber die Eltern das Vermögen nicht hätten; So wollen Wir daß solche Zwey Dreyer aus jeden Orts Allmosen bezahlet werden sollen. Dann wollen und befehlen Wir auch allergnädigst und ernstlich, daß hinführo die Prediger insonderheit auf dem Lande alle Sonntage Nachmittage die Catechesation mit ihren Gemeinden ohnfehlbar halten sollen; Wornach ihr Euch

529 No. XCVI. - - XCVIII. 530

Euch gehorsamst zu achten, diesen Unsern allergnädigsten Willen und Befehl gehöriger Orten zu publiciren, darüber Nachdrücklich zu halten, auch fisco auff zugeben habt, ein wachsahmes Auge zu haben und die Contravenienten zur Bestraffung anzuzeigen. Daran geschiehet Unser allergnädigster Wille, und Wir seynd Euch mit Gnaden gewogen. Geben Berlin den 28. Sept. 1717.

Auff Sr. Königl. Majest. allergnädigsten Special-Befehl.

v. Dohnhoff. Ilgen. v. Blaspiel v. Plotho.

Aus einem pommerschen Dorf ist das Protokoll eines Lehrerexamens im Jahr 1729 wie folgt überliefert:
Nachdem auf geschehenes tötliches Ableben des bisherigen Schulmeisters sich nur fünf Liebhaber gemeldet, so wurde zuvörderst vom Pastor loci (Ortspfarrer) in einer Betstunde nach Matth. 18, 19–20 die Gemeinde zu herzlicher Erbittung göttlicher Gnade zu diesem wichtigen Geschäfte erinnert, sodann in der Kirche vor Augen und Ohren der ganzen Gemeinde die Singprobe mit den Bewerbern fürgenommen und nach deren Endigung dieselben im Pfarrhaus von Endes unterschriebenen Personen noch weiter auf folgende Art und Weise tentiret:

(...) 2) Jacob Maehl, Weber aus D., hat die Fünfzig hinter sich, hat gesungen: a) Oh Mensch, beweine dein usw. b) Zeuch ein zu deinen Thoren usw. c) Wer nur den lieben Gott läßt usw. Doch Melodie ging ab in viele andere Lieder, Stimme sollte stärker sein, quelte mehrmalen, so doch nicht sein muß. Gelesen (aus der Bibel) Josua (Vers) 19,1–7 mit 10 Lesefehlern, buchstabirte Josua 18, 23–26 ohne Fehler. Dreierlei Handschriften gelesen schwach und mit Stocken, drei Fragen aus dem Verstand, hierin gab er Satisfaction (Genugtuung, man war also zufrieden). Aus dem Catech(ismus ...) recitiret ohne Fehler; dictando (beim Diktat) drei Reihen geschrieben – fünf Fehler, des Rechnens auch nicht kundig.

3) Philipp Hopp, Schneider aus G., schon ein alt gebrechlich Mann von 60 Jahren, sollte lieber zu Haus geblieben sein als sich dies vermessen. Hat gesungen (...) Stimme wie ein blöckendes Lamm, auch öfter in unrechte (falsche) Lieder verfallen. Gelesen Josua 19, 7–13 – gar jämmerlich; buchstabirte 18, 22–23 mit viel Anstoßen, das große T ein Stein des Anlaufens, kam endlich rüber. Drei Fragen aus dem Verstand – blieb fest sitzen. Dreierlei Handschriften gelesen, schon im Anfang gesagt, daß er des nicht erfahren sei. Dictando nur drei Wörter geschrieben – mit Mühe zu lesen. Rechnen ganz unbekannt, er zählte an den Fingern wie ein kleines Kind. Wurde ihm gemeldet, dass er thöricht gehandelt habe, sich zu melden, was er auch mit Thränen und Seufzen bekannt.

4) Johann Schutt, ein Kesselflicker von allhier, hat 50 Jahre des Lebens auf Erden gewandelt, und hat gesungen (...) mit ziemlichen applausu. Gelesen und bucbstabieret Genesis 10, 13–18, auch nicht uneben. Beim Catech. bemerkt man, daß er sothanen Stücken noch nicht im exercitio stehet (in derartigen Texten noch ungeübt ist). Dictando drei Reihen geschrieben ging an, was Buchstaben betrifft, doch zehn Fehler! Des Rechnens nur im Addiren erfahren.

5) Friedrich Loth, ein Unterofficier aus Schl., so im Hochedlen von Grumbkow'schen Regiment den Feldzug gegen die Schweden gemacht und alldort ein Bein verloren, 45 Jahre des Lebens alt, hat gesungen (...) gut, starke Stimme, doch fehlt die Melodie im Ganzen, fiel einmal in ein anderes Lied. Dreierlei Handschriften fertig gelesen. Gelesen und buchstabiret Genesis 10, 13–18, ging ziemlich; Catech. – wohl inne. Vier Fragen aus dem Verstand – ziemlich. Dictando drei Reihen, doch mit acht Fehlern; Rechnen – Addiren und bischen Subtrahiren inne.

(Text bearbeitet; Erläuterungen des Bearbeiters in Klammern)

1. *Lies die Verordnung und übertrage sie in heutiges Deutsch.*
2. *Was hat den König veranlasst, die Verordnung über die Schulpflicht zu erlassen? Mit welchen Schwierigkeiten rechnete er?*
3. *Versetze dich in die Situation eines Mitglieds der Auswahlkommission und triff eine Entscheidung. Gib auch deine Gründe dafür an.*
4. *Leite aus den überprüften Fähigkeiten und aus der Verordnung die Lerninhalte des Unterrichts und weitere Aufgaben des Lehrers ab.*

England im 17. Jahrhundert

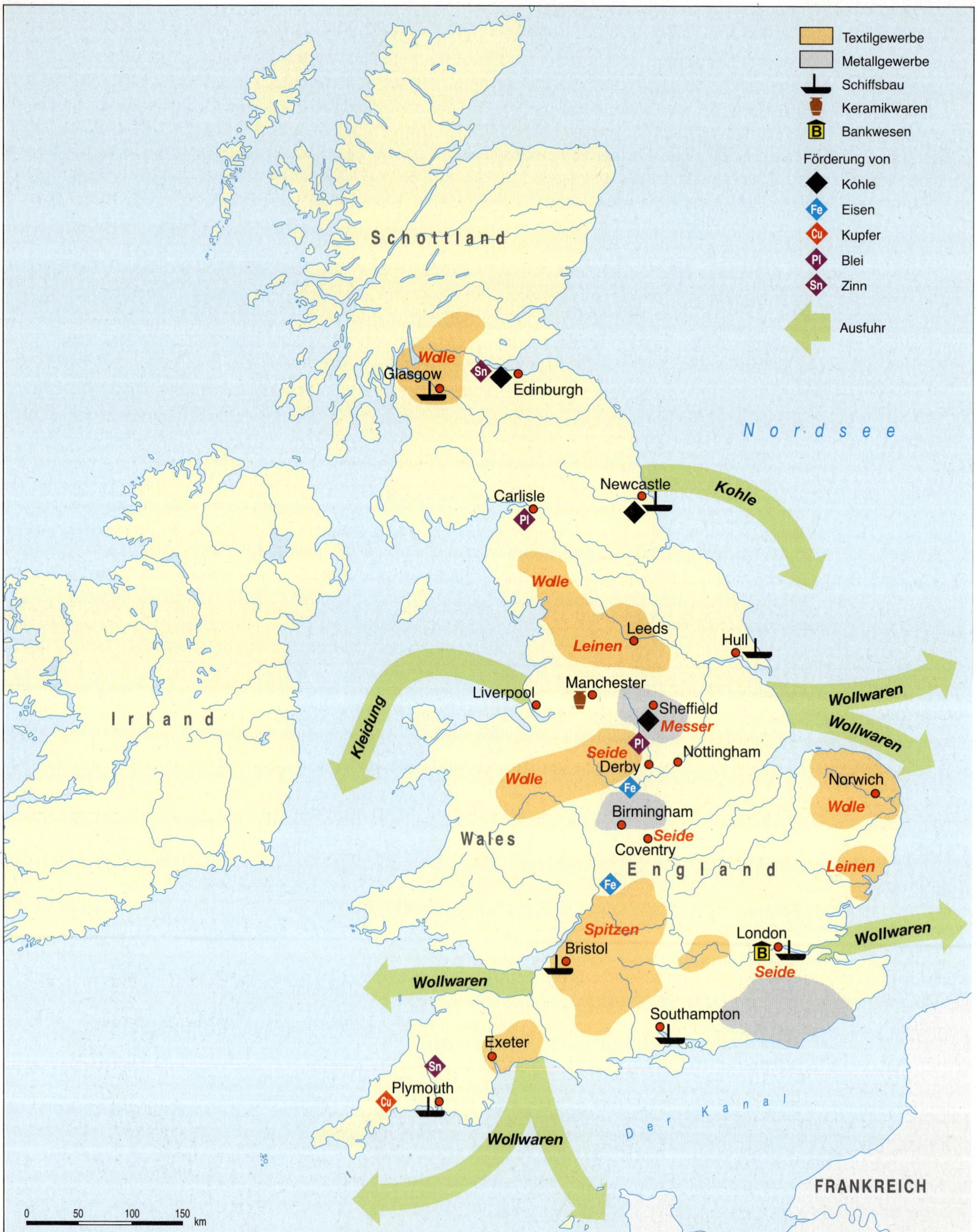

1. *Stelle eine Tabelle mit den Hauptprodukten und Handelsgütern zusammen, die in England hergestellt wurden.*
2. *Ergänze die Tabelle: Welche Waren und Güter werden ausgeführt?*

Die USA – wie ein neuer Staat entstand

1. *Ordne die folgenden Begriffe den Jahreszahlen zu. Beachte dabei, dass auch mehrere Begriffe zu einer Jahreszahl gehören können. Du findest auch eine Reihe dir bisher wohl nicht bekannter Fakten. Versuche sie mit Hilfe eines Lexikons richtig einzuordnen.*

Abraham Lincoln – Unabhängigkeitserklärung – „Mayflower" – Bürgerkrieg der Nord- gegen die Südstaaten – Kauf Louisianas für 15 Millionen Dollar von Frankreich – „Boston Tea Party" – Verabschiedung der Verfassung in Philadelphia – Erste Siedler kommen mit dem Schiff nach Massachusetts – von Kalifornien, Neu-Mexiko, Arizona, Utah und Colorado – George Washington wird erster Präsident – Unabhängigkeitskrieg – von Texas – Besiedlung des „Fernen Westens" – Inkrafttreten der Verfassung – Sklaverei – Sezessionskrieg – Krieg der „Unionisten" gegen die „Konföderierten" – der Nordstaaten

1620 ______________________

1773 ______________________

4. Juli 1776 ______________________

____

1776–1783 ______________________

____

1787 ______________________

1789 ______________________

1790–1890 ______________________

1803 *Erwerb …* ______________________

1845 *Annexion …* ______________________

____

1848 *Annexion …* ______________________

____

1861–1865 ______________________

1865 *Sieg …* ______________________

Verbot … ______________________

Ermordung … ______________________

2. *Aus dem historischen Überblick kannst du ersehen, wodurch sich das Territorium der USA vergrößerte:*

a) durch ______________________

b) durch ______________________

c) durch ______________________

3. *Die Bilder stammen aus der Entstehungszeit der USA. Formuliere eine Unterschrift zu den Bildern.*

____

____

____

____

Streit um die Sklaverei

Henry „Box" Brown: Brown war ein Sklave aus Richmond in Virginia. Er floh mit der Hilfe eines weißen Sklavereigegners, der ihn in einer Holzkiste versteckte und dann per Schiff außer Landes brachte. Der Freund wurde später wegen ähnlicher Vergehen zu einer Gefängnisstrafe verurteilt.Die Abolitionisten, die Gegner der Sklaverei, sahen in der Holzkiste auch ein Symbol für die Unterdrückung der Menschen durch die Sklaverei.

William H., Seward (1801–1872) stammte aus New York, war ein überzeugter Gegner der Sklaverei gehörte zu den bekanntesten Politikern der Republikanischen Partei.

Was für einen gesellschaftlichen Stand gerecht ist, kann niemals für irgend einen anderen als schädlich gelten. Und was in irgendeiner Hinsicht gegenüber den Lebensverhältnissen der Personen in einem Staat ungerecht ist, ist notwendigerweise in einem beträchtlichen Ausmaß ungerecht für die ganze Gemeinschaft. Das Thema Sklavenarbeit wirft frühzeitig die wirtschaftliche Frage auf: Braucht eine Gesellschaft grundsätzlich freie Menschen oder Sklaven? Einige Staaten wählen die eine, andere die andere Antwort. Folglich entstehen zwei sehr unterschiedliche Gesellschaftssysteme. Der Sklavenstaat unterdrückt und zerstört die Persönlichkeit der Arbeiter, nicht nur als Mitglieder des politischen Systems, sondern auch als Elternteil, Ehegatte, Kind, Nachbar oder Freund. Politisch betrachtet wird er auf diese Weise zum bloßen Eigentum ohne moralisches Verantwortungsbewusstsein und ohne häusliche, moralische und soziale Beziehungen, Pflichten, ohne Besitz – ein Stück Vieh, eine Ware, ein Verkaufsartikel, ein Geschenk, ein Erbe oder Diebesgut. Weder seine Verdienste noch seine Vergehen werden ihm, sondern seinem Besitzer zugeschrieben. Der Staat beschützt den Sklaven nicht als einen Menschen, sondern das Kapital eines anderen Menschen, das er darstellt. Auf der anderen Seite werden die Arbeiter von dem Staat, der die Sklaverei ablehnt, dadurch in ihrer Entwicklung ermutigt, angeregt und bestärkt, dass ihre natürliche Persönlichkeit mit allen menschlichen Rechten und Fähigkeiten unterstützt wird und dass sie alle die allgemeinen staatbürgerlichen Rechte erhalten. In dem einen Fall wird das in die Sklaven investierte Kapital zu einer großen politischen Kraft, während in dem anderen Fall die Arbeiterschaft, die auf eine andere Stufe gehoben und der das Wahlrecht gegeben wird, zu einer dominierenden politischen Kraft wird. Das hat zur Folge, dass wir, der Einfachheit halber und durchaus zutreffend, die Sklavenstaaten Kapitalstaaten und die freien Staaten Arbeiterstaaten nennen können.

(Congressional Globe (36th Cong., 1st Sess., February 29, 1860), pp. 910, 912; übers. von Gerhard Henke-Bockschatz)

Jefferson Davis (1808–1889) war einer der führenden Vertreter der Südstaaten im Senat.

Es gibt nichts, Herr Präsident, das bei Menschen ein größeres Durcheinander von Ideen hervorgerufen hat, als die Bezeichnungen „freie Staaten“ und „Sklavenstaaten“, und ich glaubte, der Senator (Seward) würde uns mit seinem kritischen und logischen Geist etwas Handfestes anbieten statt einen Ausdruck zu benutzen, der niemals zutrifft. Er benutzte zwar einen anderen Ausdruck, aber was für einen? "Kapital-Staaten“ und „Arbeits-Staaten“. Aber wo ist der Staat, in dem niemand arbeitet? Der Irrtum, den der Senator wortreich ausmalte, war, dass alle Arbeiten in den Südstaaten von Negern verrichtet werden. Wusste er nicht, dass die Neger nur einen kleinen Teil der Bevölkerung der Südstaaten bilden? Glaubte er, außer den Negern arbeite dort niemand? Wenn dem so ist, dann war er schlechter informiert, als ich ursprünglich angenommen hatte.

Es gibt Negersklaverei im Süden, und wegen der Negersklaverei gelten die Weißen als freie und gleiche Menschen. Nirgendwo anders sind alle Weißen von den niederen Tätigkeiten befreit. Nirgendwo betrachten sich die Weißen so sehr als gleich, dass sie einander nie vom Haus oder vom Tisch ausschließen würden. Euer eigener Dienstbote, der eure Stiefel putzt, euren Wagen fährt, der eure Livree trägt und euer eigen ist im wahrsten Sinne des Wortes, ist euch gegenüber nicht gleichberechtigt; und so ist die Gesellschaft überall, wo die Negersklaverei nicht die Grundlage bildet, auf der sich die weiße Rasse zu ihrer wahren Würde erhebt. Wir aber wollen euch keiner Theorie unterwerfen; wir gönnen euch die politischen Institutionen, die ihr bevorzugt. Aber wenn ihr uns angreift, verteidigen wir unsere Institutionen indem wir euch zeigen, dass alle eure Behauptungen falsch sind und dass wir die freien Menschen sind. Ich glaube, dass nur mit uns die Weißen zu ihrer wahren Würde in der Regierung gelangen.

Aber der Senator in seinem Eifer stellt den Neger-Sklaven des Südens als ein menschliches Wesen dar, das auf den Zustand eines bloßen Viehs zurückgestuft ist. Könnte es sein, dass der Senator nicht weiß, dass in allen Südstaaten ein Negersklave eine Person ist, die unter dem Schutz aller Gesetze steht, die Verbrechen an anderen Personen bestrafen? Könnte der Senator es versäumt haben, zur Kenntnis zu nehmen, dass kein Herr seinen Sklaven umbringen oder verstümmeln darf, ohne nach den Strafgesetzen der Südstaaten zur Verantwortung gezogen zu werden - zur selben Verantwortung, als ob der Neger ein Weißer gewesen wäre? Wie kommt man dann zu der Behauptung , dass es sich bei ihnen nicht um Personen im Sinne der Gesetze handelt, die von den Gesetzen geschützt werden ...?

(Congressional Globe (36th Cong., 1st Sess., February 29, 1860), pp. 917–18; zit. nach: Armin Rappaport/Richard Traina (Ed.): Present in the Past. Source Problems in American History, New York: The Macmillan Company 1972, S. 216 ff. und S. 223 ff. ; übers. von Gehrhard Henke-Bockschatz)

Aus: Larry E. Tise: Proslavery. A History of the Defense of Slavery in America, 1701–1840, Athens and London: The University of Georgia Press 1987, S. 140/105.

1. *Stelle in einer Tabelle die Überlegungen gegenüber, die Seward gegen Davis und gegen die Sklaverei vorbringt.*
2. *Überlege und begründe, ob mit den Zeichnungen die Sklaverei verteidigt oder angeprangert werden soll.*

Ein neuer Anfang? – Briefe eines Deutschen,

Der Bauernsohn Johann Dumsch (1858–1948) aus Schlesien wanderte 1882 nach Amerika aus. Schon bald nach seiner Ankunft fand er auf einer Farm in der Nähe von Detroit Arbeit als Knecht. Die Farm wurde von einer französischen Witwe und ihrer erwachsenen Tochter betrieben. Dumsch war mit der Arbeit und dem Leben dort sehr zufrieden. – Seine Briefe sind hier ohne Änderungen, d. h. mit allen Fehlern in der Rechtschreibung abgedruckt, die Dumsch gemacht hat.

Am 15. April 1883 schrieb er an seine Eltern:

[…] es gefällt mir wirklich sehr gut in Amerika. Meine Leute sind sehr gut, ich bekommen Wäsche und auch geflickt. Mein Lohn ist 115 Dollar auf das Jahr, das sind bereits 500 Mark nach eurem Gelde, das kan ich mir in Deutschlan[d] nicht verdienen. Wenn auch hier alles etwas theurer ist. so komme ich doch mit dem halben Gelde aus. Ich kann bei diesem Gelde alle Sonntage paar Glas trinken, das thut nichts. Ich habe mir schon ausgerechnet, wenn ich gesund bleibe, bleiben mir das erste Jahr 60 Dollar übrig, das könnte ich in Deutschland nicht […] Nun will ich mal ganz der Wahrheit gemäß sprechen. Amerika ist ein freies Land. Ein Land wo jeder handeln u. thun kann was er will. Hier frägt man nicht nach Religion u. Glauben, hier frägt Niemand nach Papieren oder Zeugnißen hier frägt Niemand wie heißt Du, wo bist du her. Wer nur Arbeiten will, und ein bischen spart kommt weiter wie in Deutschland. Denkt mal liebe Eltern und Geschwester, ich bin nicht der Mensch der bloß spart um einen Haufen Geld zu kriegen, Ich habe immer mein Bier getrunken, meinen Toback gekaut, und geraucht, und habe eben so viel Kleidung als wie ich nach Amerika gekommen bin, Und habe mir doch das erste Jahr nach eurem Gelde 100 Thlr. gespart. daß kann ich als Kaufmann nicht in Deutschland, und als Arbeiter schon lange nicht. Je länger ich hier bin, deßto mehr kann ich verdienen. Jedoch das will ich euch schreiben wer hier nicht spart der hatt weniger wie in Deutschland Hier geht das Geld weg man weiß nicht wie 1 Doll Sonntag der geth weg daß Man Montag keine 5 Cents mehr hatt auf Toback. Wo der Heinrich ist, weiß ich nicht. wie ich das letzte mal von ihm gehört habe, Arbeitete er auf der Insel Canada in englischen St. Thomas heißt die Stadt […]

Im Sommer 1884 verließ Dumsch die Farm, nahm eine Arbeit in Detroit an, erkrankte aber alsbald. In dieser Situation traf er einen alten Kollegen. Darüber schrieb er am 12. September 1884 seinen Eltern:

[…] Da traf ich einen Kollegen […] der hatte schon 250 Dollars ein sehr redentlicher Kerl; der sprach zu mir, wier sind ohne Arbeit, und kriegen vielleicht paar Monate keine und denn kommt der Winter, da kriegn wier schon gar keine Arbeit, Da verzehren wier unser Geld und wier haben wieder nichts, Komm sprach er zu mir wier gehen 2–3 hundert Meilen weiter und kaufen uns Land, da ist es noch billig. gesagt gethan, wier packen unsere Sachen zusammen und setzen uns aufs Dampfschiff und fort, und fuhren bis Rogers City, 300 Meilen von Detroit, im nördlichen Michigan Land war genug zu verkaufen blos ein paar Tage da fanden wier ein Stück was uns paßte 80 Accers es sind ungefähr 120 Morgen, für 250 Dollars wier ginge gleich zum Contry Clerk. Und machten den Kauf Contra[c]kt. Yeder 40 Accers oder 60 Morgen, für 125 Dollars, Ja mein Kollege konnte gleich alles bezahlen, Aber ich armer Teufel konnte bloß 50 Dollars anbezahlen. Ich habe Q[u]ittung darüber aber den Kauf habe ich nicht in händen, der liegt noch im Curt-haus. das heißt Rathhaus. Denn die Reise hatt mich ziehmlich gekostet, wier müßen uns ein Haus bauen, na daß kostet bloß ein paar Dollars, daß machen wier selbst von Baumstämmen daß Dach von Baumrinde,
Aber wier musten uns kaufen Hacken und Säge, Ofen, Bett. Töpfe, Teller, Fleisch, Kartoffeln und Mehl, Ich habe doch immer noch 20 Dollars in der Tasche, aber wier brauchen auch noch viel […] Es ist alles Busch nur das Holz hatt gar keinen Werth, wier hacken runter so viel wier können und stecken Feuer rein, d[a]mit wier Land kriegen, und zum Frühjahr pflanzen könen denn wird es besser, Meilenweit Wald und kein Haus, Hie und da ein armer Farmer der vielleicht schon 5–10 Accers runtergehackt hatt, Aber alle die schon 6–8 Jahr Hier sind haben Pferde und 4–5 Kühe und haufen Schweine, die laufen im Busch rum und die Nacht kommen sie allein zu hause und suchen den Stall [Brief bricht ab]

Am 2. April 1885 schrieb er an seine Eltern:

„[…] Folgedeßen schrieb ich zu Euch mit der Bitte, mir daß übrige Geld zu besorgen damit, damit ich, die Schulden los war, und weil es dieser Mann haben wollte. Ich wollte den Winter über auf meinem Lande bleiben und Busch abhacken, konnte jedoch nicht, weil ich von Euch keine Nachricht und kein Geld bekam. Ich ging daher in eine Lu[m]ber Cämp, d. h. zum Holz machen für die Sägemühlen. Ich habe schwer Arbeiten müßen ich habe aber auch schönes Geld verdient, in 5 Monaten habe ich 95. Doll und Kost verdient, Ich habe natürlich für 20 Doll Sachen gebraucht, es blieben mir 75. Doll. davon habe ich wieder 50 auf Land bezahlt, und aufs ganze Jahr Steuern 10 Doll. 3–4 mal in die Stadt gereist dann könnt Ich Euch denken was ich jetzt noch habe, Ich bin jetzt wieder auf meinem Lande und hack Bäume runter.
Bekomme ich dießmal noch nichts von Euch, so muß ich bald wieder ausfliegen und mir wieder Arbeit suchen, den zum Anfangen muß man etwas Geld haben damit mann etwas pflanzen kann, und ich muß mir auch ein Häuschen bauen […]

der in die USA auswanderte

Das Haus von Sylvester Rawding und seiner Familie in Custer County, Nebraska. Foto, 1886.

887 kehrte Dumsch, der darunter litt, dass er unter den merikanischen Mädchen keine Ehefrau fand, noch mal ıach Schlesien zurück. Von dort brachte er offenbar eine :hefrau mit, denn am 4. Oktober 1887 schrieb er an seine Eltern und Geschwister:

„[…] Wier sind nun bereits 1/2 Jahr Hier Amerika, und habe doch auch schon geschrieben an Euch aber noch nicht ein Wort der Erwiederung, Ich und auch Gustel haben uns schon oft gewundert, was das sein soll was haben wier den verschuldet das wier gar keinen Brief mehr bekommen, die Adresse ist doch immer diesselbe.

Wier haben den Sommer gut ausgemacht, Ich habe 35 Doll. nebenbei verdient. Die Kartoffeln haben dieß Jahr einen guten Preis 4 Mark pro 100 [Pfd.]. Für 100 M. habe ich schon verkauft, und für 100 Mark kann ich noch verkaufen. Ich habe all den Samen den ich. Im Frühjahr brauchte abgearbeitet. und auch für die Hülfe mit dem Gespann habe ich abgearbeitet, Wier haben jetzt, 3 Schweine 1 Kuh 1 Hund Katze hatt junge 4. Hühner. Wier hatten schon einmal 8 Hühner und 1 Hahn, 4 Hühner u. den Hahn hatt uns der Hund aufgefressen. Vorigen Monat, habe ich einen Posten angenohmen, das heißt ich bin gewählt worden zum Schul=Direcktor für unsere Schule. Ich habe die obere Aufsicht über Schul Angelegenheiten. Ich bekomme für jeden Gang oder Tag. 1 Doll. Ich habe den Posten auf 3 Jahre eidlich übernommen. Wier haben uns auch so schon ziemlich angeschafft unsere Stube sieht schon ganz gut aus […]"

Und am 9. April 1892 teilte Dumsch seinen Verwandten in Deutschland mit:

„Nun ist es wohl doch mal Zeit daß wir etwas von uns hören laßen, N[uma] Zuallererst muß ich Euch mittheilen daß der Klapper Storch wieder bei uns eingekehrt ist. Und dießmal wieder ein Mädchen, welches in der hl. Taufe die Namen Emilie Anna erhalten hatt. Gesund sind wier Gott sei Dank alle fünfe der Bruno u. Hedwig gehen schon immer mit auf Feld. In dieser Woche haben wier mit der Ackerarbeit angefangen, Ich habe mir dieses Frühjahr ein paar andere Ochsen angeschafft. Ein paar junge aber starke Thiere, einer ist 6. der andere 7. Jahre alt grade so stark wie einmal Euer schwarzer war. und dabei Sind Sie alle beide über und über Schneeweiß. Ich hätte am liebsten ein paar Pferde gekauft, aber dazu fehlt vor allen Dingen Geld und dann habe ich auch keinen passenden Stall […] Wir haben nun im ganzen sieben Stück Rindvieh, zwei Kälber erwarten wier noch dieß Jahr. 5. Schweine haben wier auch rumlaufen. Unser Häuschen wird uns auch schon zu klein, die Familie wird immer größer. Ich muß dieß Jahr wenigsten eine Stube anbauen. Uns geth es so weit ganz gut blos daß Geld ist uns immer knapp, es kostet zu viel ehe man alles hatt was zur Farmerei gehört und dazu gehört viel, es fehlt uns noch vieles […]"

(Aus: Wolfgang J. Helbic„: „Alle Menschen sind dort gleich…" Die deutsche Amerika-Auswanderung im 19. und 20. Jahrhundert, Düsseldorf 1988, S. 108–111)

1. Fasse zusammen,
a) was Dunsch an dem Leben in Amerika gefällt und
b) mit welchen Schwierigkeiten er anfangs zu kämpfen hat.
2. Stelle in einer Zeichnung (z. B. in Gestalt einer Treppe) dar, wie es Dunsch in Amerika nach und nach gelingt, wirtschaftlich und sozial Fuß zu fassen.
3. Inwieweit können die Erfahrungen von Dunsch für andere Einwanderer verallgemeinert werden?

Revolutionslieder analysieren

Zu allen Zeiten machen und singen Menschen Lieder. Es verwundert nicht, dass in revolutionären Zeiten Revolutionslieder gesungen werden. Hier sind die Melodie und der Text – erst im französischen Original, dann in einer deutschen Übersetzung – der „Marseillaise“ (1792). Sie entstand in der Zeit der Französischen Revolution und ist heute noch die französische Nationalhymne.

Die erste Strophe der „Marsellaise“ auf Deutsch:

Auf, Kindes des Vaterlandes,
Der Tag des Ruhmes ist jetzt da!
Gegen uns wurde der Tyrannei
Blutiges Banner erhoben.
Hört ihr im Land
Das Brüllen der grausamen Krieger?
Sie rücken uns auf den Leib,
Eure Söhne, eure Frauen zu köpfen.

Refrain:

Zu den Waffen, Bürger!
Schließt die Reihen,
Vorwärts, marschieren wir!
Das unreine Blut
Tränke unserer Äcker Furchen!

(Aus: Praxis Geschichte 6/1991 S. 21)

Eine Analyse und Interpretation der Lieder kannst du in in drei Schritten vornehmen:

1. *Musikalische Analyse: Versuche, eine Aufnahme der Lieder zu bekommen, oder spiele die Melodien selbst. Vielleicht könnt ihr das Lied im Musikunterricht zusammen singen. Wie wirken die Melodien? Welche Gefühle fördern sie bei denen, die sie singen? Welche musikalischen Mittel werden eingesetzt?*
2. *Textanalyse: Wer soll die Lieder singen? Wer wird als Gegner gesehen? Wie sollen die Gegner behandelt werden? Sind die Lieder optimistisch oder pessimistisch? Welche Absicht hatten die Verfasser der Texte?*
3. *Bewertung: Inwieweit kann man mit Liedern Politik machen? Ist deiner Meinung nach die Marseillaise heute noch als Nationalhymne zeitgemäß? Vergleiche die französische Nationalhymne mit anderen, z.B. auch der deutschen.*

Tipp: Die Marseillaise ist auf folgender Audio CD zu hören: Historische Lieder, Friedrich Verlag, Seelze 1996.

Eine Zeitung der Vergangenheit entwerfen

Stell dir vor, du hättest 1793 nach der Hinrichtung des Königs eine Zeitung herausgegeben. Wie könnte solch eine Zeitung aussehen? Zwar sahen Zeitungen und Zeitschriften im 18. Jahrhundert anders aus als heute, doch in diesem Fall schadet es nichts, wenn man sich eine moderne Zeitung als Vorbild nimmt. Hier sind ein paar Anregungen:

Die französische Rundschau

Paris, 22. Januar 1793

Ludwig XVI. hingerichtet

Nach der Abstimmung im Konvent am 17. Januar ist es zwar keine Überraschung mehr, aber doch eine welterschütternde Sensation. Vor zahlreichen Zuschauern wurde gestern …

Hintergrundbericht

Die Fehler des Königs

Zu einem großen Teil ist Ludwig sicherlich selbst an seinem blutigen Ende schuld: Wir erinnern uns: Er hat …

Interview mit dem Bürger Robespierre

Französische Rundschau: Bürger Robespierre, darf die Revolution Gewalt anwenden?
Maximilien Robespierre: Sie darf es nicht nur, sie muss es, wenn es nötig ist.
FR: Aber war es nötig? War es nicht Terror?
MR: Es war Terror, ja, aber Ludwig musste sterben, damit die Revolution leben kann.
FR: Ist der Terror nicht verhängnisvoll?
MR: …

Kommentar

Darf man einen König töten?

Hat die Revolution das Recht, …

Zittert Paris vor dem Herzog von Braunschweig?

Wir alle erinnern uns an das Manifest, das unsere Konkurrenzzeitung „Moniteur" am 3. August des vorigen Jahres abgedruckt hat. Darin hatte … erschütternde Sensation. Vor zahlreichen Zuschauern wurde gestern …

Lexikon neuer Wörter

Folgende Wörter wird man sich merken müssen; deshalb geben wir hier eine kurze Erklärung:
- **Sansculotten:** So nennen sich …
- **Jakobiner:**
- **Montagnards:**
- **Girondisten:**

…

Das monarchistische England beleidigt Frankreich; diese Karikatur stammt von Gillray:

Napoleon in der Karikatur – ein Puzzle

Vor allem in Großbritannien und Deutschland war Napoleon die Zielscheibe bissiger Karikaturen. Auf diesen Seiten findet ihr die Einzelteile von vier dieser Karikaturen, die jedoch durcheinander geraten sind. Kopiert die beiden Seiten, schneidet die Puzzleteile aus und ordnet sie den Bildlegenden zu.

„So zerstieben geträumte Weltreiche!" Anonyme Karikatur von 1814.

Napoleon. Weit verbreitete deutsche Karikatur von 1814.

Der „plumb pudding" in Gefahr. Die Karikatur des Engländers James Gillray zeigt neben Napoleon den britischen Premierminister William Pitt.

Napoleons Lebenslauf. Der kolorierte Stich entstand 1813 nach einer anonymen deutschen Karikatur

Spanien
das grosse Reich
Italien
Rom
Abschied aus Spanien
Fortdauer nach dem Tode

Die Französische Revolution – kennst du dich aus?

Etwas knifflig: Die Buchstaben in den dunklen Feldern ergeben ein Wort, das die wohl wichtigste Errungenschaft der Französischen Revolution bezeichnet.

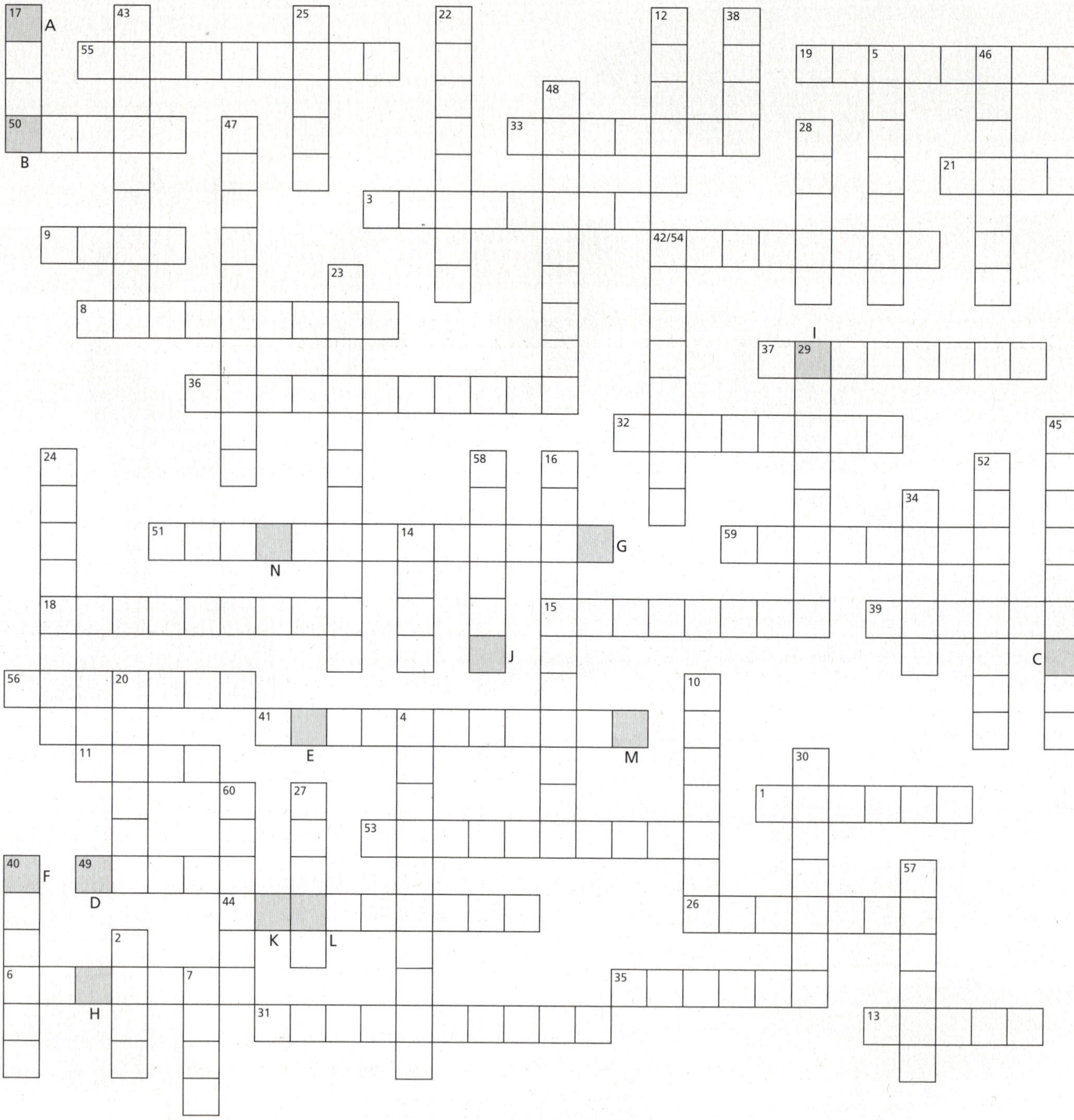

Lösungsfrage: A B C D E F G H I J K L M N

Fragen zum Kreuzworträtsel

1. *Für sie musste der Code Napoléon eine Enttäuschung sein.*
2. *Hier siegte Frankreich über Preußen im Jahr 1806.*
3. *Hier schworen die Abgeordneten des Dritten Standes Frankreich eine Verfassung zu geben.*
4. *Anhänger der Monarchie.*
5. *Hier fand 1813 die „Völkerschlacht" statt.*
6. *Diesen Titel bekam Napoleon für seine Verdienste während der Revolution.*
7. *Beruf des ermordeten Politikers Marat.*
8. *Hierdurch verlor das neue Papiergeld an Wert.*
9. *Augsburger Buchhändler, den Napoleon hinrichten ließ.*
10. *Diese Ideen der Französischen Revolution fanden auch in Deutschland Anklang.*
11. *Ihre Abschaffung wird in den Cahiers de doléances gefordert.*
12. *Hier kam es zu einem Aufstand gegen Napoleon.*
13. *Englischer Aufklärungsphilosoph.*
14. *Hierauf lag eine Steuer, die viele Franzosen abschaffen wollten.*
15. *Sie haben Frankreich 1788/89 in den finanziellen Bankrott geführt.*
16. *Sie wurde während der Schreckensherrschaft etwa 14000mal verhängt.*
17. *Auch sie sagt etwas über die Werte einer Gesellschaft aus.*
18. *Die deutschen Fürsten dieses Bundes akzeptierten Napoleons Herrschaft.*
19. *Sie ist ein wichtiges Ideal der Aufklärungsphilosophen.*
20. *Erfolgloser Finanzminister Ludwigs XVI.*
21. *Spitzname Ludwig XVI.*
22. *Er gehörte zu den preußischen Reformern.*
23. *So nannte man die radikalen Jakobiner, die „Bergpartei".*
24. *Dieses Problem konnte der König 1788/89 nicht allein lösen.*
25. *Sie breitete sich 1789 auch auf dem Lande aus.*
26. *Eine der drei Parolen der Französischen Revolution.*
27. *Darum stritten sich nach dem Ende der Schreckensherrschaft verschiedene politische Gruppierungen.*
28. *In der napoleonischen Besatzungszeit steigerte sich gerade bei jungen Deutschen dieses Gefühl gegenüber dem Vaterland.*
29. *Robespierre wollte sie abschaffen und durch neue Kulte ersetzen.*
30. *Als er gegen Danton geführt wurde, sorgte das für viel Unruhe.*
31. *Weil sie gegen die Natur der Frauen seien, wurden sie verboten.*
32. *An diesem belgischen Ort verlor Napoleon seine letzte Schlacht.*
33. *Den befahl Napoleon gegenüber englischen Waren.*
34. *Deutscher Musiker, der das preußische Soldatenlied gesungen hat.*
35. *Der erste Stand im Ancien Régime.*
36. *Sie war unter Ludwig XVI. erschreckend leer.*
37. *Wer vor dieses gestellt wurde, musste während der Schreckensherrschaft mit dem Schlimmsten rechnen.*
38. *Es war für die Pariser Arbeiter das Hauptnahrungsmittel.*
39. *Er bekam das Königreich Westfalen.*
40. *Darunter litt die ärmere Bevölkerung von Paris 1793.*
41. *Preußischer Reformpolitiker.*
42. *Hier endete Napoleons größter Feldzug in einer Katastrophe.*
43. *Dieses Königreich übergab Napoleon seinem Bruder.*
44. *Nur eine Minderheit der Franzosen beherrschte diese Fähigkeit.*
45. *Adliger preußischer Reformpolitiker.*
46. *Kurzform des Namens einer bekannten Menschenrechtsorganisation.*
47. *Die Handwerker fürchteten sie als Konkurrenz.*
48. *Sie wurde 1792 abgeschafft.*
49. *Preußischer Reformpolitiker.*
50. *1793 war sie besonders schlecht und die Brotpreise stiegen.*
51. *Sie wurden 1789 vom König einberufen.*
52. *Besonders in Preußen setzte sich dieses Bewusstsein während der Besatzungszeit durch.*
53. *Sie fürchteten die Konkurrenz der Manufakturen.*
54. *Diese Staatsform erhielt Frankreich 1792.*
55. *Das war die Bastille.*
56. *So könnte man das Wort Muscadin übersetzen.*
57. *Damit wollte Robespierre Freiheit und Tugend herbeiführen.*
58. *Aus dreien bestand das Ancien Regime.*
59. *Mancher arbeitete aus dem Ausland gegen Frankreich, vor allem französische Adlige.*
60. *Diesen Titel gab sich Napoleon zunächst nach dem Staatsstreich.*

„Ad fontes" – Quellenarbeit

„Aus den Quellen (fontes)" schöpfen die Historiker am liebsten. Schriftquellen können aber auch ihre Tücken haben: Es fehlen Angaben zur Zeit, zum Verfasser, zum Anlass oder der Inhalt ist lückenhaft, ungenau oder sehr einseitig dargestellt. Wie in der Malerei wurden auch Dokumente zu bestimmten Zwecken direkt gefälscht.

Der Geschichtswissenschaftler muss jedes Dokument gründlich prüfen. Auch für dich ist die Arbeit mit Quellen nicht neu. Hier sind verschiedene Texte aus einem Zeitabschnitt gesammelt, die dich als Quellenforscher herausfordern. Achtung – eine Quelle ist gefälscht. Wir erinnern dich an die Arbeitsschritte beim Erschließen von Quellen mit dem folgenden Leitfaden. Nach dem gründlichen Durchlesen der jeweiligen Quelle sollst du folgende Fragen stichwortartig beantworten:

1. *Zeitliche Einordnung: Um welchen Zeitpunkt oder welchen Zeitraum handelt es sich?*
2. *Historische Einordnung: Welches Ereignis oder welcher Prozess wird dargestellt?*
3. *Inhaltliche Aussagen: Was sind die wichtigsten Informationen? Sind die handelnden Personen bekannt?*
4. *Urheberschaft: Wer könnte der Verfasser sein? Woher stammen seine Kenntnisse? Welcher Gesellschaftsschicht könnte er angehören? Zu welchem Zweck wurde das Dokument verfasst?*
5. *Art der Quelle: z. B. Brief, Vertrag, Chronik, Gesetz, Zeitungsartikel, Plakat, Aufruf, Bericht, Anekdote, Inschrift.*
6. *Quellenwert: Ist die Quelle echt oder unecht, sind die Aussagen wahr, teilweise richtig oder falsch? Stimmen die Aussagen mit anderen überein?*

„Ihr habt das blutige und unerbittliche Ungeheuer gesehen und gefühlt, welches in seinem stolzen Wahn und Übermut sich nichts Kleineres angemaßt hatte, als alle Länder zu bezwingen, alle Throne zu schänden, alle Völker zu erniedrigen und endlich in satanischer Einsamkeit über einen verworfenen Haufen von Sklaven zu herrschen. Er kam im Sommer des verflossenen Jahres, er zog euch nicht fern vorüber, er zog durch euch hin mit seinen Scharen, ja er zog über euer Glück und eure Ehre dahin, wie der giftige Bauch der Boaschlange verwüstend und verpestend über ein fruchtbares Gefilde zieht … Nie war in Europa ein Heer gesehen worden, so zahlreich und trotzig als das, welches er … über die Weichsel und den Njemen trieb … Seine Schmeichler und Knechte posaunten es über die Welt aus, der Unbezwingliche, der Unbesiegliche, der Weltbefreier, der Zeitverjünger, der Einzige, der Unvergleichliche komme, sich und Europa an dem treulosen Beherrscher der Russen zu rächen und den Osten unseres Weltteils gleich dem Westen zu beglücken und zu befreien … Er hatte gehofft, wie es ihm so oft gelungen war, mit Moskau den Frieden zu erobern, Europa seine Lügen vorzugaukeln, Russland durch Unterhandlungen, Waffenstillstände, Friedensschlüsse zu betören, zu erniedrigen und zu zerstören … Aber er ward geschlagen, er zog nicht mehr zurück mit seinem Heer, er floh … 400 000 Mann waren getötet, gefangen, verhungert, erfroren, in Hospitälern für einen gewissen Tod aufgeschichtet. Gott hatte ein fürchterliches Gericht gehalten. … Preußen! Für die Welt und für euch ist ein neuer Stern der Glorie und des Heils aufgegangen, nach welchem ihr alle schauen müsset. Ihr habt das hohe Beispiel vor euch, was ein Volk vermag, das Gott fürchtet und sein Vaterland und seine Freiheit über alles liebt … Auf denn! Waget, eueren Vätern zu gleichen, eueren neuen Bundesgenossen zu gleichen! Wohlan! Ihr habt das Beispiel, so gebt auch das Beispiel!"

Ernst Moritz Arndt

„Am 9. Mai 1812 verließ Napoleon in Begleitung der Kaiserin Marie Louise das Schloß Saint-Cloud und begab sich zur Großen Armee, die bereits durch Deutschland nach Polen marschierte. Am 15.-Mai erreichte seine Wagenkolonne Sachsen. Friedrich August I. war ihm entgegen gefahren und geleitete ihn am 16. Mai in die Residenzstadt. Hier wurde er von einer jubelnden Menschenmenge begrüßt. Die Sachsen feierten Napoleon als den Befreier vom preußischen Joch und als Stifter der Königskrone. Im Ostragehege waren die 21 000 sächsischen Soldaten zur Inspektion angetreten, die gemeinsam mit französischen Kontingenten in wenigen Tagen in den Krieg ziehen sollten. Stürmisch begrüßten sie den Kaiser der Franzosen als den größten Feldherrn aller Zeiten. Im Dresdener Schloss trafen sich die Könige und Großherzöge aller Rheinbundstaaten sowie die Monarchen von Preußen und Österreich, um dem Kaiser zu huldigen. Mit entblößten Häuptern begrüßten sie Napoleon, der seinen berühmten Dreispitz aufgesetzt ließ. In einer feierlichen Zeremonie überreichte er dem sächsischen König die goldene, mit Diamanten besetzte Königskrone. Fünfzehn Tage verbrachte Napoleon mit Festen, diplomatischen Gesprächen, Truppenbesichtigungen und Jagden in Dresden, ehe er gemeinsam mit Friedrich August I. und den Truppen nach Russland weiterzog."

Napoleon mit Friedrich August I. bei einer Inspektion französisch-sächsischer Truppen vor dem Russlandfeldzug im Ostragehege bei Dresden. Gemälde von 1812

„Liebe Schwester!
Der 9. Mai war für die Stadt vorzüglich bänglich. Wir haben heute eine förmliche Kanonade ausgestanden. Die Flintenkugeln flogen durch das Schlosstor die Schlossgasse weit herauf. Die Katholische Kirche, das Schloss, das Geheime Finanzkollegium wurden ... beschossen. Als die Russen sahen, daß französische Militärpersonen auf dem Frauen- und Kreuzturme waren, schossen sie auf beide Türme ... Viele Personen sind beschädigt, eine Frau auf der großen Fischergasse sogar getötet worden. Militärpersonen sind vielleicht mehrere Hundert geblieben. Den 10. Mai kamen eine Menge Truppen in die Stadt. Die Einquartierung ward unerträglich. Dabei entstand ein unbeschreiblicher Mangel an Brot und Fleisch. ... hätte ich zu Ende voriger Woche nicht einige große Hausbacken-Brote angeschafft, so würde ich mit meiner Familie selbst Mangel gelitten haben. Schon hier in Dresden empfinden wir das Unglück des Krieges in großem Maße. Hier gehts aber ... doch immer noch an. Auf dem Lande, wo der Zug durchgegangen ist, ist fürchterlich gehaust worden. Verwüstungen, Plünderungen und Gewalttätigkeiten sind überall vorgekommen. Die Lausitz muß bei der derzeitigen Armut ihrer Einwohner und dem Mangel an Lebensmitteln aber alles doppelt empfinden. ... Alle sprechen von einer bevorstehenden Schlacht bei Bautzen ... Ich war in der Neustadt. Die Einquartierung ist über alle Beschreibung drückend. Manches Haus hat 300 bis 400 Mann."

Ad. Segnitz

Dresden, d. 21. Mai 18 ...

Grenadiere im Schnee. Gemälde von 1834

Das „Schienennetz" der Industrialisierung

Der Industrialisierungsprozess hat viele Stationen – vergleichbar den Eisenbahnlinien. Überprüfe die folgende ungeordnete Ansammlung von „Stationen":

Kunstdünger – Zollverein – verbesserte Verkehrswege – höhere Erträge in der Landwirtschaft – Erhöhung der Eisenproduktion – Rückgang der Sterblichkeit – Erhöhung der Textilproduktion – Verstädterung – Bedarf an Arbeitskräften – Landflucht – größeres Absatzgebiet – Bevölkerungswachstum – Eisenbahnbau

Überlege, welche „Stationen" die Züge in der richtigen Reihenfolge durchfahren müssen, um Fortschritte im Industrialisierungsprozess zu machen. Die Ausgangsstation ist jeweils angegeben. Bezeichne die Stationen in den dafür vorgesehenen Kästchen und trage ein, wo es zwischen den „Schienensträngen" Querverbindungen gibt.
Du kannst dieses Streckennetz auch um Stationen erweitern, um weitere Faktoren der Industrialisierung zu berücksichtigen.

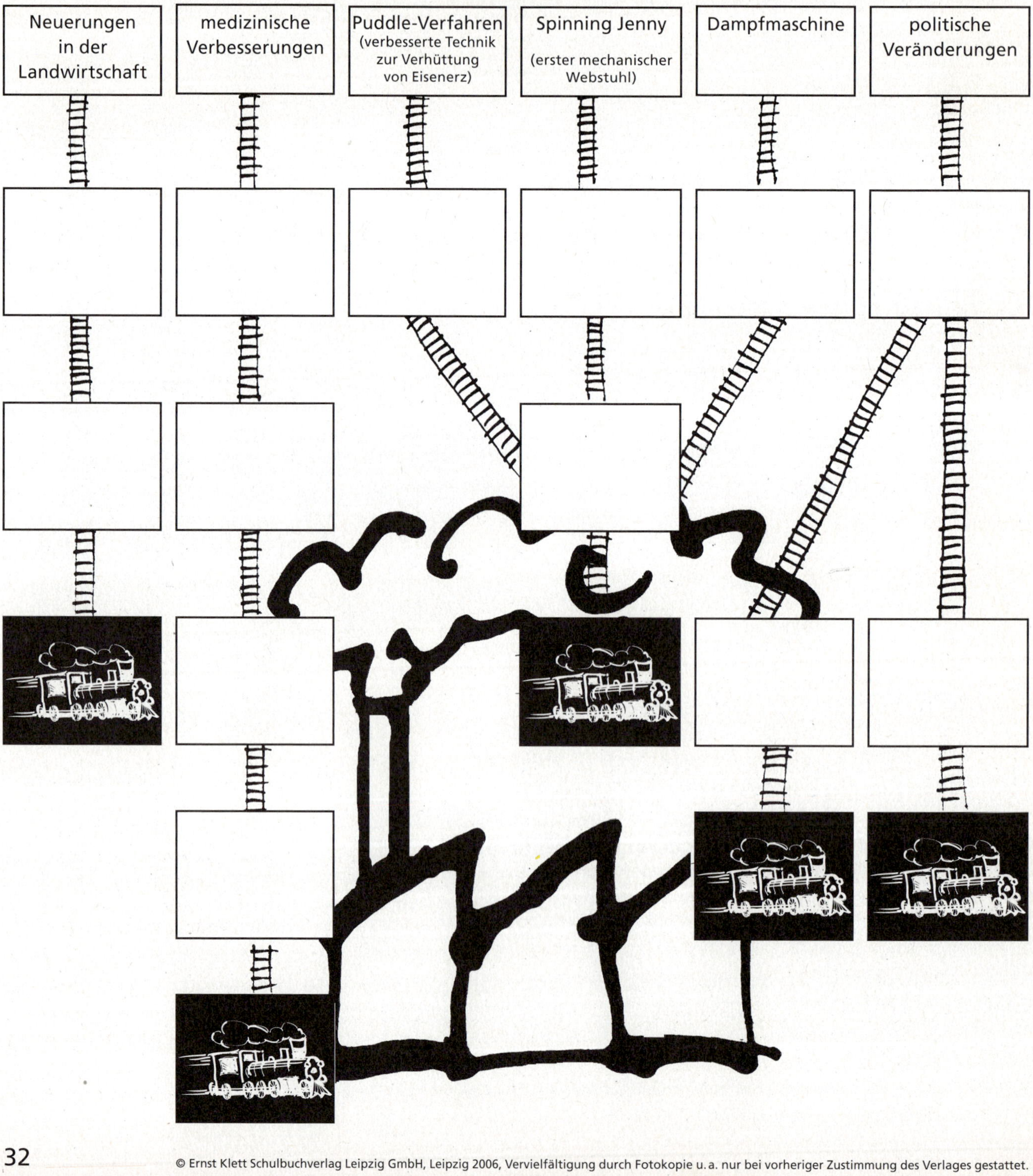

Innovationen im Industriezeitalter

Das Wirtschaftswachstum wird seit der Industrialisierung von der ständigen Abfolge wirtschaftlicher Innovationen mitbestimmt. Innovation nennt man die industrielle oder handwerkliche Anwendung neu erfundener Arbeitsverfahren oder Produkte. Wenn sich diese Innovation durchsetzt und weit verbreitet, folgt ein wirtschaftlicher Aufschwung, da das neue Arbeitsverfahren die Herstellung vereinfacht und verbilligt oder viele Menschen das neue Produkt kaufen. Einige Zeit nach der Durchsetzung folgt dann die Marktsättigung, die Bedeutung des Verfahrens oder Produkts für das Wirtschaftswachstum geht zurück. Das weitere Wirtschaftswachstum hängt nun davon ab, ob sich eine andere Innovation durchgesetzt hat.

Darstellung der wirtschaftlichen Bedeutung einiger wichtiger Innovationen seit Beginn der Industrialisierung:

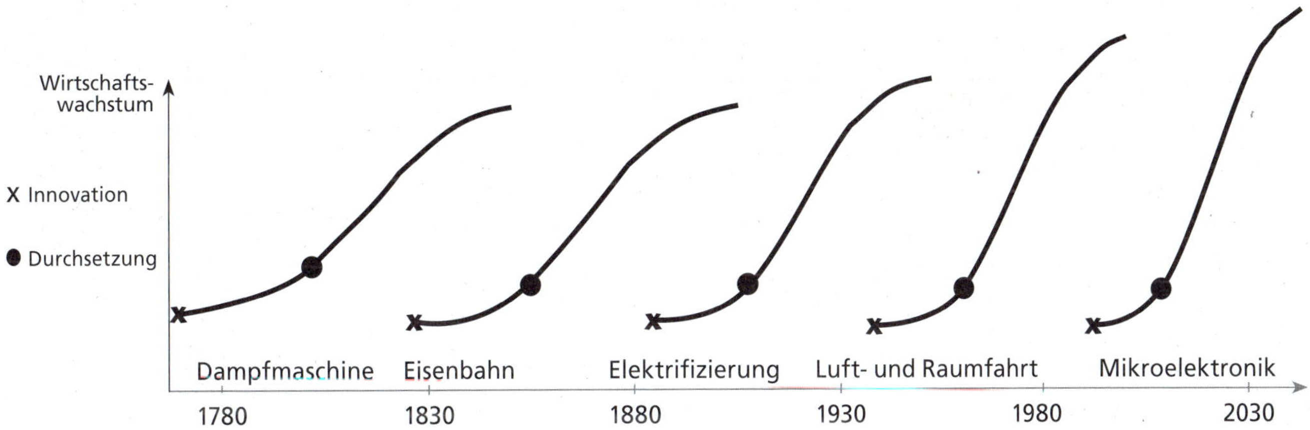

Die dargestellten S-förmigen Kurvenverläufe treffen für viele neue Techniken und Produkte zu.

So viel zur Wirtschaftstheorie. Nun kannst du selbst mit Hilfe der Statistik einen Kurvenverlauf darstellen. Als Beispiel dient hier die Durchsetzung der Dampfmaschine in Deutschland im 19. Jahrhundert.

Jahr	**Gesamtleistung** aller Dampfmaschinen in Deutschland in PS
1840	40000
1850	260000
1860	850000
1870	2480000
1880	5120000
1890	6350000

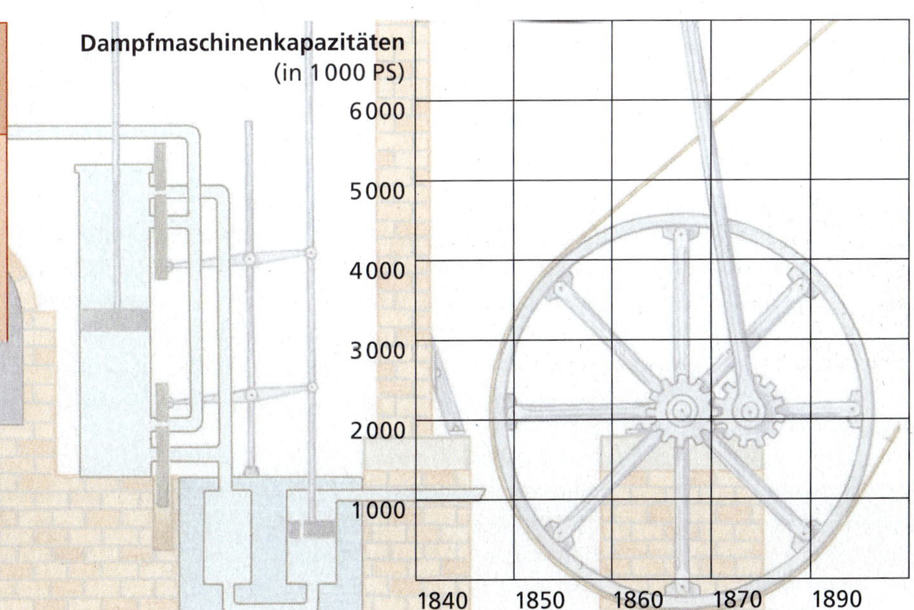

1. *Trage in das Koordinatensystem die jeweilige Leistung aller Dampfmaschinen in Deutschland für die Jahre 1840 bis 1890 ein. Verbinde die Punkte anschließend zu einer Kurve.*
2. *Berechne den Anstieg der Gesamtleistung pro Jahrzehnt. Welche Vermutung zum Verlauf des Wirtschaftswachstum im Deutschen Reich lässt sich anstellen?*
3. *Welche Auswirkung wird eine wichtige neue Erfindung, etwa für unser Verkehrswesen oder für die Energiegewinnung, auf das zukünftige Wirtschaftswachstum haben?*

Freizeit von Arbeitern um 1900

Wochenendvergnügen vor der Gartenlaube.

Arbeiter und Angestellte mussten bis zum Ersten Weltkrieg in der Regel sechs Tage in der Woche arbeiten. Nur am Sonntag hatten sie frei – was von vielen, die vorher in der Landwirtschaft tätig gewesen waren, durchaus als eine Verbesserung empfunden wurde. Unter diesen Bedingungen entwickelte sich in den städtischen Ballungszentren eine ganz eigene Art proletarischen Sonntagsvergnügens. Der folgende Text schildert die Sonntagsbeschäftigungen in einem ländlichen Industrieort Mitteldeutschlands um 1900.

Im Sommer will der Großstädter des Sonntags „Luft schnappen", in der Frühe des Morgens bricht man auf, ganze Familien, den Kinderwagen mit 2 Kindern und einem gewichtigen Paket Butterbrot voll gepackt; größere Kinder umschwirren jubelnd Vater und Mutter und freuen sich darauf, dass bald einmal „eingekehrt" wird. Ein Kegel- oder Skatklub verwendet die das ganze Jahr hindurch aufgesparten Gelder zu einem größeren Ausflug mit gemietetem zweispännigen Omnibus; Turnerriegen ziehen bei den Klängen der Harmonika oder des Bandonions und der Triangel zu Fuß „ins Freie". Auf dem Dorfe wird zuweilen ein lustiges Tänzchen arrangiert, bei welchem dasselbe Instrument aufspielt. Mehrere hundert Familiengärten liegen zwischen der Stadt und den angrenzenden Feldern. Ein Fabrikbesitzer hat eine größere Anzahl für die Arbeiter hergerichtet, ebenso der Naturheilverein. Ist „gute Zeit", der Verdienst reichlich, dann wird am Sonntage „ein Fäßchen aufgelegt". Die Kinder fahren im Handwagen, schon in der Frühe, wenn ich gehe, um Gottesdienst zu halten, das edle Naß an dem „lieben reizenden Kirchlein" den Gärten zu. Halbe Tage lang wird Karte gespielt, im Frühjahr wird der Sonntag benutzt, um die Laube oder das Gartenhaus zu bauen oder mit Farbe zu „streichen" oder umzugraben, zu säen und zu pflanzen. Manche Familie kocht sogar am Sonntag auf dem Gartenherde, manche auch in der Woche. Der Besitzer fühlt sich dort wohl und heimisch, mancher ist an Sonn- und Wochentag früh vor Beginn der Arbeit, zu Mittag und gleich nach Feierabend wieder im Garten. In der Tat ein großer Segen für den Mann, der tagsüber nur Fabrikluft atmet, und besonders für kränkliche Leute! – Die auf einem Komplex beisammen ihr Gartenland haben, organisieren sich als Verein, fühlen sich als geschlossenes Ganze und veranstalten im Sommer ein oder auch mehrere Gartenfeste mit Musik und Lampionbeleuchtung. Die fein aufgeputzten Kinder veranstalten bei dieser Gelegenheit einen Festzug und ziehen am Abend mit bunten Papierlaternen umher.

Im Herbste ziehen Mann und Weib und die größeren Kinder am Sonntag mit Handwagen, Säcken und Hacken auf die umliegenden Dörfer, um auf dem Kartoffelfelde „Ruten auszumachen." An den Herbstsonntagen ist die Kirche am wenigsten besucht. Die Familie verschafft sich für billi-

Tanz in einer „Laubenkolonie“. Foto, 1909.

ges Geld den Wintervorrat; und der Bauer schmunzelt; er spart Lohn für die Leute, welche die Kartoffeln ausmachen müßten, und „das Land kann nicht besser durchwühlt und umgegraben werden“, so sagte mir ein Ökonom meiner Gemeinde. Zur großen Belustigung der Stadtkinder wird aus dem gedörrten Kraut ein Feuer bereitet und an demselben ein Gericht frische Kartoffeln gebraten.

Im Winter ist der Sonntag in erster Linie zum „Ausschlafen“ da; junge Burschen, die am Sonnabend bis in die tiefe Nacht hinein gezecht haben, dehnen den Schlaf zuweilen bis zum Mittag aus. Am Sonntagmorgen werden Kleider ausgeklopft und gereinigt, die Treppen hie und da gewaschen; der Vater und die erwachsenen Söhne „pesteln“ etwa auf Weihnachten hin. Der Mann geht gemächlich zum Barbier, raucht behaglich seine Zigarre und schließt nicht ungern den Vormittag mit einem Frühschoppen ab. Frühschoppenkonzerte werden im Frühjahr und Sommer auch von den größeren Arbeiter-Lokalen geboten.

Zu Beginn des Winterhalbjahres hatte ich die Konfirmanden zu häufigerem Kirchenbesuch ermahnt. Nach dem folgenden Sonntage entschuldigte sich ein Mädchen, sie habe nicht zur Kirche gehen können. Grund: Morgenspaziergang unter Führung des Vaters mit nachfolgendem Frühschoppen!

Mancher Vater beschließt den Sonntag in der von Tabaksqualm gefüllten Kneipe, die Jugend vielfach mit Tanz, zu dem an jedem Sonntage überreiche Gelegenheit geboten ist. In vielen Familien gibt es sonntäglich Zank, weil die Tochter regelmäßig „zu Tanze gehen muß“ und sehr spät heimkommt. Kaum ist sie sechzehn Jahre alt, so leidet es sie am Sonntagabend nicht mehr zu Hause.

(Aus: Traugott Kühn, Skizzen aus dem kirchlichen und sittlichen Leben einer Vorstadt. Neue Folge, Göttingen 1904, S. 16–18; zit. nach Klaus Saul u. a. (Hrsg.): Arbeiterfamilien im Kaiserreich. Materialien zur Sozialgeschichte in Deutschland 1871–1914, Königstein/Ts.: Athenäum 1982, S. 59/60)

1. *Fasse in einer Tabelle zusammen, womit die Arbeiter nach Auffassung des Verfassers zu den verschiedenen Jahreszeiten ihre Freizeit am Sonntag verbrachten.*
2. *Der Verfasser war ein Pfarrer. Finde heraus, ob er mit dem, was die Arbeiter in ihrer Freizeit taten, einverstanden war oder ob er daran etwas auszusetzen hatte. Nenne die Textstellen, die deine Meinung belegen.*
3. *Vergleiche die damaligen Formen der Freizeitgestaltung mit heute üblichen Freizeitaktivitäten.*

Haushaltsbudget einer Mannheimer Arbeiterfamilie (um 1890)

In einer wissenschaftlichen Untersuchung aus dem Jahr 1891 wurde das Haushaltsbudget einer Mannheimer Arbeiterfamilie beschrieben. Der 1848 geborene Ehemann und Vater arbeitete zu dieser Zeit seit 6 Jahren als Eisendreher in einer Maschinenfabrik. Seit 1873 war er verheiratet. Aus der Ehe waren drei Kinder hervorgegangen.

Eine Arbeiterfamilie. Foto, 1903.

Die Lebensweise ist die im Allgemeinen übliche. Besonders wäre zu bemerken, dass sechsmal in der Woche ¾ Pfd. Fleisch zu Mittag gegessen wird. Abends aber abwechselnd Kartoffeln mit Wurst und Bier oder Thee mit Butterbrod, was in süddeutschen Arbeiterfamilien eine große Seltenheit ist. Auch im Neunuhr-Essen ist insofern eine Abweichung vorhanden, als auch der Mann nochmals Kaffee trinkt, dazu aber etwas Wurst oder ein Ei isst. Zur Vesper essen Vater und Sohn Butterbrod und Bier. Sonntags wird Mittags 1 Pfd. und abends ½ Pfd. gebratenes Fleisch mit Mehlspeisen gegessen. [...]

Haushaltsrechnung [pro Jahr]	**Angaben in Mark**
1. Schwarzbrod	116
2. Weißbrod	54
3. Fleisch und Wurst	252
4. Fische	5
5. Kartoffeln	52
6. Mehl und Teigwaaren	53
7. Hülsenfrüchte	31
8. Gemüse, Gartenprodukte und Obst	50
9. Butter	55
10. Andere Fette	32
11. Käse	15
12. Milch	66
13. Eier	30
14. Bier	57
15. Branntwein und andere geistige Getränke	
16. Kaffee, Zucker, Salz u. a. Spezereiwaaren	90
17. Kleinere Ausgaben für den Haushalt [...]	22
Summa: Geldaufwand für den Haushalt	**980**

Die Beköstigung eines Erwachsenen stellt sich daher durchschnittlich auf 67 Pfg.

Zusammenstellung sämmtlicher Einnahmen und Ausgaben im Jahre

A. Einnahmen		**in Mark**
1. Verdienst des Mannes		1510
2. Verdienst der Frau durch Kleidermachen		100
3. Verdienst des ältesten Knaben von 14 Jahren		180
4. Aus Vermietung von Zimmern		240
Summa: Einnahmen		**2030**

B. Ausgaben		
1. Wohnungsmiethe		450
2. Kosten des Haushaltes wie vorstehend		980
3. Heizung und Beleuchtung		63
4. Kleider	a. neue	55
	b. Reparaturen	20
5. Schuhwerk	a. neues	50
	b. Reparaturen	28
6. Anschaffung und Reparatur von Wäsche		22
7. Anschaffung und Reparatur von Haushaltungsgegenständen		30
8. Reinlichkeit (Ausgaben für Seife etc.)		16
9. Schulgeld und Schulbücher für die Kinder		35
10. Sonntagsausgaben [...]		78
11. Cigarren und Tabak		20
12. Vereine und Lektüre		12
13. Krankenkassenbeiträge und sonstige Versicherung		54
14. Steuern		9
15. Kleinere und unvorhergesehene Ausgaben		18
Summa: Ausgaben		**1940**

Trotz des Ueberschusses der Einnahmen über die vorstehend berechneten Ausgaben ist ein Ueberschuß nicht vorhanden. Die Differenz erklärt sich daraus, dass für die die Schule besuchende Tochter ein Pianino angeschafft wurde, dessen Abschlagszahlungen oben nicht gerechnet wurden. Die besonderen Sonntagsausgaben sind viel entschieden zu hoch für eine Familie, in welcher die Frau unter der Führung des Haushaltes durch Arbeit noch Geld verdient. Für einen so löblichen Fleiß sollte der Gegenwerth in der Familie in der Fürsorge für die Zukunft der Frau vorhanden sein, welche durchaus ungenügend ist, um so mehr, als keinerlei Ersparnisse gemacht werden. Der Aufwand für Kleider ist hier erheblich geringer als in vielen anderen ähnlichen Familien, auch wenn man berücksichtigt, dass die Frau die meisten Kleider für sich und die Kinder selbst anfertigt.

(Aus: F. Wörishoffer, Die sociale Lage der Fabrikarbeiter in Mannheim und dessen nächster Umgebung. Hrsg. im Auftrag des Großh. Ministeriums des Innern, Karlsruhe: Thiergarten 1891, S. 248–251)

1. *Berechne jeweils sowohl für die Lebensmittelausgaben als auch für die Gesamtausgaben des Haushalts, welchen prozentualen Anteil die einzelnen Ausgabenposten einnehmen. Stelle das Ergebnis als Stab- oder Kreisdiagramm dar.*
2. *Frage Erwachsene, wofür heutzutage Haushaltsausgaben hauptsächlich verwendet werden und vergleiche das Ergebnis mit den damaligen Haushaltsausgaben: Welche Art von Ausgaben fehlen heute oder fallen wesentlich höher oder niedriger aus? Welche Ausgabenposten sind hinzugekommen?*
3. *Die obige Zusammenstellung gibt die Haushaltsausgaben einer verhältnismäßig gut verdienenden Arbeiterfamilie wieder. Stelle dir vor, die Familie hätte plötzlich mit 500 Mark weniger auskommen müssen. Welche Ausgaben hätten am ehesten verringert oder gestrichen werden können und was hätte dies für die Familie bedeutet? Begründe deine Vorschläge.*

Ursachen und Folgen des Bevölkerungswachstums

In allen Staaten, in denen sich die Industrialisierung durchsetzte, ging mit ihr ein deutliches Bevölkerungswachstum einher, das teilweise auf der Zuwanderung, vor allem aber auf der natürlichen Vermehrung beruhte. Die folgenden Materialien erlauben einige Rückschlüsse auf die Ursachen des Bevölkerungswachstums.

1.) Bevölkerungswachstum: Einwohner in Deutschland			
1820	26 101 000	**1880***	45 093 000
1830	29 392 000	**1890***	49 239 000
1840	32 621 000	**1900***	56 046 000
1850	35 303 000	**1910***	64 568 000
1860	37 609 000	**1920**	61 694 000
1870	40 804 000		

** = Einschließlich Elsass-Lothringen = 1 400 000 bis 1 500 000 Personen*

(Michel Hubert, Deutschland im Wandel. Geschichte der deutschen Bevölkerung seit 1815, Stuttgart 1998, S. 330)

2.) Durchschnittliche Lebenserwartung bei der Geburt im Deutschen Reich		
	Männer	**Frauen**
1871–1880	35,58	38,45
1910–1911	47,41	50,58
1924–1926	55,97	58,82
1932–1934	59,86	62,81

(Aus: Michel Hubert, Deutschland im Wandel. Geschichte der deutschen Bevölkerung seit 1815, Stuttgart 1998, S. 132 und S. 233)

3.) Verbreitete Krankheiten als Todesursachen					
Es starben von je 100 000 Einwohner an ...					
in den Jahren	**Pocken**	**Masern und Röteln**	**Scharlach**	**Diphtherie**	**Tuberkulose**
1877–1881	1,5	27,6	56,8	99,8	357
1882–1886	1,4	35,5	42	122,3	346
1887–1891	0,4	27,6	21,2	99,7	304
1892–1896	0,2	23,9	17,9	84,1	255
1897–1901	0,04	21,3	20	31,4	218
1902–1906	0,03	21,6	19,5	24,1	201
1907–1911	0,03	16,8	14,8	24,9	184
1913	0	14,3	10,4	21,9	156

(Aus: Michel Hubert, Deutschland im Wandel. Geschichte der deutschen Bevölkerung seit 1815, Stuttgart 1998, S. 344.)

1. *Berechne auf der Grundlage der Tabelle 1 das prozentuale Bevölkerungswachstum in den jeweiligen Zehn-Jahres-Zeiträumen. In welchen Zeiträumen wuchs die Bevölkerung mehr, in welchen weniger stark? Woran könnte dies gelegen haben?*
2. *Setze die drei Tabellen in Beziehung zueinander und erläutere die Zusammenhänge.*
3. *Informiere dich über die gegenwärtige Entwicklung der Bevölkerung in Deutschland und über die Probleme, die sich für die Zukunft daraus ergeben.*

Ein Unternehmerehepaar aus der Frühzeit der Industrialisierung

Erfolgreiche Unternehmer waren oftmals bestrebt, ihren Reichtum und ihre soziale Stellung in Szene zu setzen. Betrachte aufmerksam die beiden folgenden Bilder und entschlüssele ihre „Botschaft". Welches Selbstverständnis des jungen Ehepaares spricht aus den von ihnen in Auftrag gegebenen Bildern?

Carl Friedrich Stumm, 1836, und seine Ehefrau Marie Louise Stumm, 1835, gemalt von Louis Krevel, Öl auf Leinwand, 102 x 80,5 cm.

Der Familie Stumm gehörten seit Generationen Eisenwerke im südwestdeutschen Raum, zunächst vor allem im Hunsrück und im Hochwald, seit Beginn des 19. Jahrhunderts auch um Saarbrücken. In Neunkirchen hatte die Familie 1831 nach englischen Vorbildern ein Hochofen-, Puddel- und Walzwerk bauen lassen. Die Öfen in diesen Werken wurden nicht mehr mit Holzkohle, sondern mit Koks befeuert. Ab ca. 1845 gehörte die Neunkirchener Hütte zu den größten Lieferanten von Eisenbahnschienen im Deutschen Bund. Die Zahl der Beschäftigten stieg von 260 (1836) auf 482 (1843). Carl Friedrich übernahm 1835 von seinem Vater die Betriebe bei Saarbrücken. Marie Louise, geb. Böcking, kam aus einer saarländischen Kaufmannsfamilie und war seit 1834 mit Carl Friedrich Stumm verheiratet. Schon vor der Hochzeit bestanden zwischen den beiden Familien verwandtschaftliche und geschäftliche Beziehungen.

Tipps zum „Entschlüsseln":
- *Zunächst solltest du spontan formulieren, welchen Gesamteindruck die beiden Bilder auf dich machen.*
- *Überlege dir dann, was einzelne Details und Teile des Bildes ausdrücken sollen, z.B. Hintergrund; Gesichtsausdruck, Kleidung, Frisur und Schmuck der Personen; sonstige Bildobjekte wie der Hund, das Lot, das Schreibzeug, die Konstruktionszeichnung etc. (auf dem linken Bild) oder der Buchsbaumzweig in der Hand der Frau (rechtes Bild).*
- *Überlege dir schließlich, inwiefern du nun deinen ersten Eindruck korrigieren, verbessern oder ergänzen musst.*

Frauen im Hambach

Einer der beiden Hauptinitiatoren des Hambacher Festes, Philipp Jakob Siebenpfeiffer, war einer der ersten in Deutschland, der in einer politischen Rede die Emanzipation der Frau ansprach. In seinem Aufruf zur Feier des Hambacher Festes heißt es:

„Deutsche Frauen und Jungfrauen, deren politische Missachtung in der europäischen Ordnung ein Flecken ist, kommet und schmücket die Versammlung durch eure Gegenwart."

Und in seiner Hambacher Rede selbst äußerte er, dass er sich eine Zukunft wünscht,

„... wo das deutsche Weib, nicht mehr die diensttüchtige Magd des herrschenden Mannes, sondern die freie Genossin des freien Bürgers, ..." ist. „Das Weib hängt, von Natur und mit seltenen Ausnahmen, mit unendlicher, ausschließlicher treuer Liebe und Anhänglichkeit am Manne; wo dies nicht der Fall, darf man sicher der Erziehung oder den Männern nur selbst die Schuld beimessen. ... die nie rastende Hausfrau, in deren Hand aller Segen, alles Gedeihen des Hauses und der Familie ruht, – welche Ehre, welche Belohnung erntet sie? Welche Anerkennung findet sie? Dass sie gesetzlich und im Sinne des Mannes eine Null ist. Er allein ...; sie ist bürgerlich mundtodt! Und wer hat solche Gesetze, solche Ordnung gemacht? Die Männer. Pfui über die Barbaren! ... Im Hause sei das Weib freie Genossin des freien Mannes, liebende Mutter, mitverwaltende Wirtin; in der Gesellschaft sei sie, nicht anbetend umhuldigt, das führt zur Sklaverei des Mannes, ... Als freie Bürgerin sei sie selbständig wie der Gatte vor Richter und Obrigkeit, in Geschäften, ... In politischer Beziehung sei ihr Einfluss wie in der Erziehung der Kinder, so im übrigen politischen Leben erregend, belebend, stählend .... Volksversammlungen mögen sie beiwohnen; ... bei Nationalfesten die vordersten Reihen schmücken, ... Doch – herrschen sollen sie nicht! Die Staatsgesetze, welche das Weib zur Regierung berufen, mögen im Interesse der regierenden Familien erdacht seyn; dem Interesse der Völker, der Würde der Männer widerstreiten sie, und widerstreiten den Gesetzen der Natur, ... Preis und Würde den Frauen; aber keine Vergötterung und keine Herrschaft."

1. *Versetze dich in die Lage einer Festteilnehmerin. Überlege dir, was du einer Freundin, die nicht zum Hambacher Fest mitkommen konnte, schreiben würdest. Berücksichtige dabei, welche Äußerungen Siebenpfeiffers du als besonders positiv oder als besonders negativ empfunden hast. Vergiss nicht auf die „Resolutionen" hinzuweisen, über die das Geschichtsbuch im Kapitel „Deutsche kämpfen für Einheit, Freiheit und soziale Gerechtigkeit" berichtet.*
2. *Das Bild oben zeigt Regina Wirth, die Frau eines der Hauptredner auf dem Hambacher Fest, rechts einige Festteilnehmerinnen. Inwiefern spiegelt das Bild die Frauenvorstellungen, die in der Rede zum Ausdruck kommen, als „im politischen Leben erregend, belebend, stählend"?*
3. *Wie hättest du dir die Frauen auf dem Hambacher Fest vorgestellt? Versuche ein Bild zu entwerfen.*

Als Spitzel in Hambach

Für den Mai 1832 beschlossen national und liberal denkende Gruppen im deutschen Südwesten ein Fest an der historisch eindrucksvollen Ruine des Hambacher Schlosses in der Rheinpfalz. Der Jahrestag der bayrischen Verfassung von 1818 sollte gefeiert werden. Doch die Initiatoren erhielten zunächst keine Genehmigung für ihr Vorhaben, dann wurde es teilweise, schließlich ohne Einschränkung gestattet. Dieses Hin und Her verhalf dem Hambacher Fest noch vor seinem Beginn zu einer besonderen Popularität. Damit wuchs die Besorgnis der Staaten Österreich, Preußen und auch Bayern, dass sich in Hambach der nationale und liberale Protest der enttäuschten Bürger – ermutigt durch die Juli-Revolution in Frankreich – erheblich steigern werde. „Beobachter" – richtiger „Spitzel" – wurden entsandt, die den Regierungen alle Vorgänge in Hambach melden sollten.

Es folgen Ausschnitte aus dem langen Bericht des preußischen Bundestagsgesandten in Frankfurt:

„Soeben von der ... Reise nach Hambach zurückgekehrt, habe ich die Ehre ... ganz gehorsamst meinen Bericht abzustatten.
Hinter Oggersheim nach Neustadt zu häufte sich das Getriebe der nach Hambach Ziehenden. Tausende waren schon abends zuvor gekommen ... Die meisten Fahnen waren trikolor (dreifarbig) schwarz, rot, gold ... Um 10 Uhr Vormittag schickten die Redner sich an, die Deutung des Festes kund zu machen. Dr. Hepp, ein Arzt aus Neustadt, erwähnte ähnliche Feste der alten Deutschen und ähnlicher Völker, die aber unter freieren und besseren Institutionen als die gegenwärtigen zusammengekommen seien ... (Hepp kritisierte) ... die Bedrückung der Völker durch ihre Regierungen und Fürsten, sprach von der Unterdrückung der Presse ... von der Notwendigkeit ... fest zusammen zu halten um ein gemeinsames Vaterland zu gründen ... (Der folgende Redner) Dr. Wirth lenkte auf die Hoffnungen auf eine deutsche Einheit ..., die aber unter der schlechten Beschaffenheit der Regierungen aller deutscher Völker stets zunichte würden durch die Willkür einiger Dutzend unwissender Regenten und meineidiger Fürstenbuben ... (Vor allem) die Raubsucht der österreichischen Erzherzöge und der Kurfürsten von Brandenburg sei von jeher schuld daran gewesen, dass nie eine Vereinigung Deutschlands sich hätte bilden können. Er ... nannte die Regenten Hochverräter an ihren Völkern und rief vom Himmel Fluch und dreimaligen Fluch auf sie herab ... nur auf eine Vereinigung aller deutschen Völker unter ein Oberhaupt oder zu einer Republik sollte das gemeinsame Wirken gerichtet sein und bleiben ... Hoffnung ... eines vereinten, freien, republikanischen Europas ... (Dann folgte) Advokat Hallauer von St. Wendel, welcher über die gegenwärtigen Regenten und Fürstenknechte, wie er die Staatsdiener bezeichnete, herzog und das Volk zum Widerstand aufforderte ... In Neustadt hatten die Häupter ihre Zusammenkunft für den Abend auf ihrem Schützenhause ... wobei die frechsten demagogischen Umtriebe stattfanden, den Fürsten als Bedrücker der Völker Pereats (Fluch: Sie mögen untergehen!) gebracht und ihre Bildnisse ... verbrannt wurden.
Aus allen Cantonen Rheinbayerns (Gebiete im heutigen Rheinland-Pfalz und im Saarland) waren besonders die Advokaten und einige Prediger die eifrigsten Teilnehmer. Von einigen erfuhr ich, dass man alles daransetzen würde, die Freiheit der Presse durchzusetzen, dass ... wenn die Regierung die Versammlung auf Hambach verboten hätte, man ... gewaffnet erschienen wäre. Es bedürfe nur eines Winkes der Anführer und alles sei zum gewaffneten Widerstand bereit".

1. *Unterstreiche im Text die Stellen, die von den Empfängern des Berichts wahrscheinlich als besonders staatsgefährdend bewertet wurden.*
2. *Aus welchen Berufsständen kamen nach Einschätzung des Spitzels die meisten „Demagogen"? Welche Gründe kannst du dafür finden?*
3. *Der Spitzel bezeichnet seine Arbeit als ehrenvolle Aufgabe für den Staat und seine Sicherheit. Darüber gibt es aber sehr unterschiedliche Auffassungen. Teilt euch in der Klasse in zwei Gruppen und diskutiert das Pro und Kontra einer Tätigkeit, zum Schutz des Staates Spitzeldienste zu leisten. Bleibt dabei nicht im Jahr 1832 ...*

1848 – Barrikadenkämpfe in Berlin

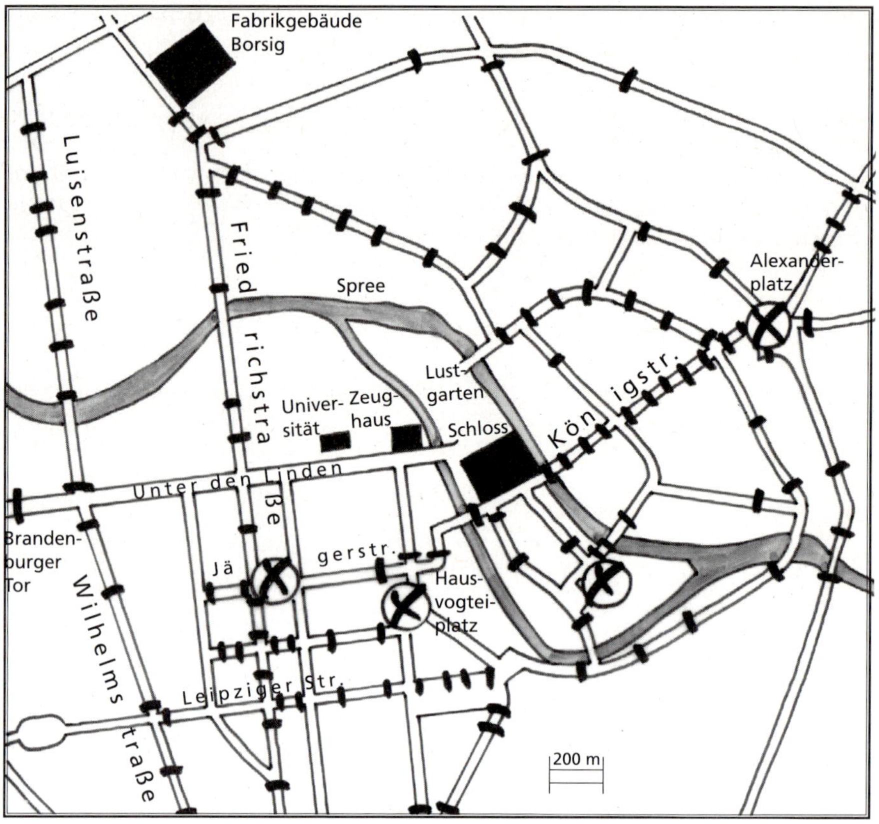

= Barrikade

= Schwerpunkt der Kämpfe

Zusatzinformation:
Die Truppen, die gegen die Aufständischen eingesetzt wurden, kamen vom Schloss.

Carl Schurz studierte 1848 in Bonn und kämpfte zusammen mit seinem Professor und Freund Gottfried Kinkel auf Seiten der Aufständischen; er emigrierte später in die Vereinigten Staaten von Amerika. Schurz berichtet in seinen Lebenserinnerungen über die Barrikadenkämpfe am 18. März 1848:

„Mit dem wilden Schrei: ‚Verrat! Verrat!' stob die Volksmasse, die noch einen Augenblick vorher dem König zugejubelt hatte, auseinander, sich in die nächsten Straßen stürzend, und allenthalben erscholl der zornige Ruf: ‚Zu den Waffen! Zu den Waffen!' Bald waren in allen Richtungen die Straßen mit Barrikaden gesperrt. Die Pflastersteine schienen von selbst aus dem Boden zu springen und sich zu Brustwehren aufzubauen, auf denen dann schwarz-rot-goldene Fahnen flatterten – und hinter ihnen Bürger aus allen Klassen, Studenten, Kaufleute, Künstler, Arbeiter, Doktoren, Advokaten – hastig bewaffnet mit dem, was eben zur Hand war – Kugelbüchsen, Jagdflinten, Pistolen, Spießen, Säbeln, Äxten, Hämmern usw. Es war ein Aufstand ohne Vorbereitung, ohne Plan, ohne System. Jeder schien nur dem allgemeinen Instinkt zu folgen. Dann wurden die Truppen zum Angriff befohlen. Wenn sie nach heißem Kampf eine Barrikade genommen hatten, so starrte ihnen eine andere entgegen – und wieder eine, und noch eine. … Die ganze schreckliche Nacht hindurch donnerten die Kanonen und knatterte das Gewehrfeuer in den Straßen der Stadt."

1. *Ordne die Quelle in den geschichtlichen Zusammenhang ein.*
2. *Lässt sich ein „System" in der Anordnung der Barrikaden erkennen, obwohl es nach Schurz kein System bei dem Aufstand gab?*
3. *Was erfahren wir bei Schurz über die gesellschaftliche Schicht und die Berufe der Aufständischen?*
4. *Wie beurteilt er den Kampf – lässt sich eine Parteinahme erkennen? Begründe deine Meinung.*
5. *„Andere Zeiten – andere Sitten": Versuche die auf der Karikatur dargestellten Vorgänge dem Revolutionsverlauf zeitlich zuzuordnen.*

Historische Anekdoten

„Es gibt keine wahren oder unwahren – es gibt nur gute und schlechte Anekdoten"

ANEKDOTEN UM NAPOLEON

I. Napoleon Bonaparte war von Statur sehr klein. Da er schon mit 25 Jahren kommandierender General wurde, fand er bei seinen Unterbefehlshabern, die alle älter und auch körperlich stattlicher waren, nicht immer den nötigen Gehorsam. Als sich einmal General Kleber widerspenstig zeigte, trat Napoleon schroff an ihn heran und sagte: „General, Sie sind um einen Kopf größer als ich. Aber wenn Sie noch einmal nicht bedingungslos gehorchen, wird dieser Unterschied verschwinden!"

2. Im Sommer 1813 litt Sachsen sehr unter den stationierten französischen Truppen. Bei einem Treffen machte der sächsische König Friedrich August I. Napoleon darauf aufmerksam, dass die Misshandlungen und Ausplünderungen der französischen Truppen den Unwillen der sächsischen Bevölkerung hervorriefen. Darauf antwortete Napoleon: „Ich weiß die ganze Größe der Opfer, welche mir die Stadt Dresden bringt, zu schätzen. Sobald ich Preußen, Polen und Russland erobert habe, werde ich Ew. Majestät auf so edelmütige Art entschädigen, dass ich Ihre Hauptstadt in ein wahres Paradies verwandeln werde."
Eine sächsische Prinzessin, die die Unterhaltung verfolgt hatte, sagte halblaut zu den Umstehenden: „Die Sache ist schon so weit gekommen, die Dresdener machen sich schon reisefertig für das Paradies – sie sind schon ganz ausgezogen und nackt."

3. Als Napoleon nach seiner Flucht aus Russland deutschen Boden betrat, musste er sich über einen Fluss übersetzen lassen. Er fragte den Fährmann, ob schon viele französische Deserteure hinüber wären. „Nein", erwiderte dieser, „Sie sind der erste."

4. Nach seiner Rückkehr aus Russland fragte Napoleon den Hofgärtner, warum es so wüst im Garten aussehe. Darauf antwortete dieser: „Sire, die Lorbeeren sind verwelkt und die Granaten (Granatäpfel) sind erfroren." Der Gärtner wurde sofort entlassen.

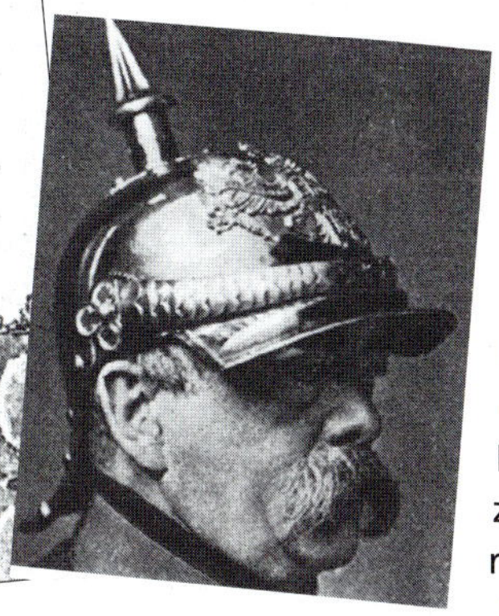

ANEKDOTEN UM BISMARCK

1. Bei einer Hofgesellschaft hatte man dem Kanzler in der Sitzordnung an der Tafel einen Platz hinter einigen völlig unbedeutenden Fürstlichkeiten gegeben. Ein Freund riet Bismarck sich beim Hofzeremonienmeister zu beschweren. Aber Bismarck antwortete: „Wo ich sitze, da ist immer oben!"

2. Der sächsische Minister von Nostitz-Wallwitz fragte Bismarck, wie es mit der Sprache in der diplomatischen Korrespondenz gehalten werde. Bismarck antwortete: „Deutsch. Früher war es Französisch. Ich habe aber Deutsch eingeführt. Mit dem französischen Außenminister Jules Favre habe ich Französisch gesprochen. Aber ich sagte ihm, dies geschehe nur, weil ich nicht amtlich mit ihm verhandelte. Er lachte darüber. Da sagte ich ihm, das werden Sie schon beim Friedensschluss sehen, dass wir Deutsch reden."

3. Am Abend des 14. März 1890 empfing Bismarck den Zentrumsführer Windthorst auf dessen Wunsch in seinen Arbeitsräumen. Als Kaiser Wilhelm II. davon erfuhr, verlangte er sofort Bismarck zu sprechen. Erregt fragte er den Kanzler, was die Unterhandlung mit Windthorst zu bedeuten habe. Bismarck entgegnete, dass nicht Unterhandlungen, sondern eine persönliche und vertrauliche Aussprache stattgefunden habe. Daraufhin betonte der Kaiser sein Recht, rechtzeitig von Verhandlungen seines Kanzlers mit Parteiführern in Kenntnis gesetzt zu werden.
Diesen Anspruch wies Bismarck mit der Erklärung zurück, er „... lasse seinen Verkehr mit Abgeordneten keiner Aufsicht unterwerfen und über seine Schwelle niemanden gebieten." „Auch nicht, wenn ich es Ihnen als Souverän befehle?" rief der Kaiser in großer Erregung. „Der Befehl meines Kaisers endet am Salon meiner Frau", erwiderte Bismarck fest.

Versuche, weitere Anekdoten von historischen Persönlichkeiten zu sammeln.

Die Anekdote ist eine Kurzgeschichte, die auf Wesentliches reduziert das Wesen einer Persönlichkeit oder den Kernpunkt einer historischen Situation mit einer Pointe deutlich machen soll. Ihr Wahrheitsgehalt im Speziellen ist oft umstritten. Die Darstellung spiegelt meist eine subjektive Meinung, oft auch die aktuelle Volksmeinung wider. Den eigentlichen Sinn einer Anekdote erfasst derjenige, der den zeitlichen Hintergrund kennt.

1. *Versuche, die Anekdoten in ihren historischen Zusammenhang einzuordnen.*
2. *Stelle fest, welche Charaktereigenschaften der Personen und/oder welches historische Problem verdeutlicht werden soll.*
3. *Versuche, den Wahrheitsgehalt der Anekdote zu bewerten: tatsächlich, möglich, wahrscheinlich, erfunden. Vergleiche dazu die betreffenden Informationen im Geschichtsbuch.*

Die Emser Depesche – ein Telegramm macht Geschichte

Der deutsch-französische Krieg 1870/71 hatte seine Ursachen in der Machtrivalität der traditionellen Großmacht Frankreich mit dem seit 1866 in Deutschland vorherrschenden Preußen. Zum eigentlichen Auslöser wurde die Kandidatur des Prinzen Leopold von Hohenzollern-Sigmaringen, eines entfernten Verwandten des preußischen Königs Wilhelm, für die spanische Krone: Da Frankreich sich bereits von zwei Seiten von Staaten bedroht sah, deren König aus einer Familie stammten, übte es massiven politischen Druck aus; daraufhin verzichtete Prinz Leopold schließlich auf die spanische Krone. Frankreich hatte einen großen diplomatischen Erfolg errungen, war damit jedoch nicht zufrieden: Die Hohenzollern sollten für alle Zukunft auf den spanischen Thron verzichten. Der französische Botschafter Graf Benedetti reiste daher nach Bad Ems, wo sich König Wilhelm zur Kur aufhielt. Das Telegramm des Geheimrats Abeken, der als Vertreter des Auswärtigen Amtes den König begleitete, unterrichtete Bismarck davon, der am 13. Juli 1870 eine veränderte Fassung des Telegramms an die Presse gab:

Abekens Telegramm:

S[eine] M[ajestät] der König schreibt mir:
„Graf Benedetti fing mich auf der Promenade ab, um auf zuletzt sehr zudringliche Art zu verlangen, ich sollte ihn autorisieren [ermächtigen], sofort zu telegrafieren, dass ich für alle Zukunft mich verpflichte, niemals wieder meine Zustimmung zu geben, wenn die Hohenzollern auf ihre Kandidatur zurückkämen.

Ich wies ihn, zuletzt etwas ernst, zurück, da man à tout jamais [für alle Zukunft] dergleichen Engagements [Verpflichtungen] nicht nehmen dürfe noch könne. Natürlich sagte ich ihm, dass ich noch nichts erhalten hätte und, da er über Paris und Madrid früher benachrichtigt sei als ich, er wohl einsähe, dass mein Gouvernement [Regierung] wiederum außer Spiel sei [nicht beteiligt sei]."
S. M. hat seitdem ein Schreiben des Fürsten bekommen. Da S. M. dem Grafen Benedetti gesagt, dass er Nachricht vom Fürsten [Leopold von Hohenzollern] erwarte, hat Allerhöchstderselbe, mit Rücksicht auf die obige Zumutung, auf des Grafen Eulenburg und meinen Vortrag beschlossen, den Grafen Benedetti nicht mehr zu empfangen, sondern ihm nur durch seinen Adjutanten [hier: Person ohne politischen Rang] sagen lassen, dass S. M. jetzt vom Fürsten die Bestätigung der Nachricht erhalten, die Benedetti aus Paris schon gehabt, und dem Botschafter nichts weiter zu sagen habe.
S. M. stellt Ew. [Eurer] Exzellenz anheim, ob nicht die neue Forderung Benedettis und ihre Zurückweisung sogleich sowohl unseren Gesandten als in der Presse mitgeteilt werden sollte.

Bismarcks Fassung :

Nachdem die Nachricht von der Entsagung des Prinzen von Hohenzollern der kaiserlichen französischen Regierung von der königlich spanischen amtlich mitgeteilt worden sind, hat der französische Botschafter in Ems an S. M. den König noch die Forderung gestellt, ihn zu autorisieren, dass er nach Paris telegraphiere, dass S. M. der König sich für alle Zukunft verpflichte, niemals wieder seine Zustimmung zu geben, wenn die Hohenzollern auf ihre Kandidatur zurückkommen sollten.

S. M. hat es

darauf abgelehnt, den französischen Botschafter nochmals zu empfangen, und demselben durch den Adjutanten vom Dienst sagen lassen, dass S. M.

dem Botschafter nichts weiter mitzuteilen habe.

(Zit. nach: Günter Schönbrunn: Geschichte in Quellen. Band 5. Das bürgerliche Zeitalter. München: bsv 1980, S. 355–356.)

1. *Lies dir die Einleitung und das Telegramm von Abeken sehr gründlich durch und arbeite heraus, was in Bad Ems genau vorgefallen ist. Klär dabei auch, welche Absichten der französische Botschafter hatte.*
2. *Vergleiche nun die von Bismarck veränderte Fassung mit der ursprünglichen Version: Welche Veränderungen hat Bismarck vorgenommen und welche Auswirkungen haben diese Veränderungen?*
3. *Stell dir vor, dass du ein Pariser Zeitungsredakteur (oder ein Berliner!) bist, der bereits in einer kriegerischen Stimmung gegenüber Preußen (oder Frankreich) ist und der nun das Telegramm von Bismarck erhalten hat. Verfasse nun einen antipreußischen (oder antifranzösischen) Artikel, in dem über die Ereignisse in Bad Ems berichtet wird.*

1. *Werte die beiden Karikaturen mithilfe der Arbeitsschritte der „Gewusst wie"-Seite „Karikaturen verstehen und deuten" aus. Informiere dich dabei über den geschichtlichen Hintergrund in den entsprechenden Kapiteln des Geschichtsbuchs.*

Im Jahre 1848.

Im Jahre 1849.

Die Verfassung von 1871

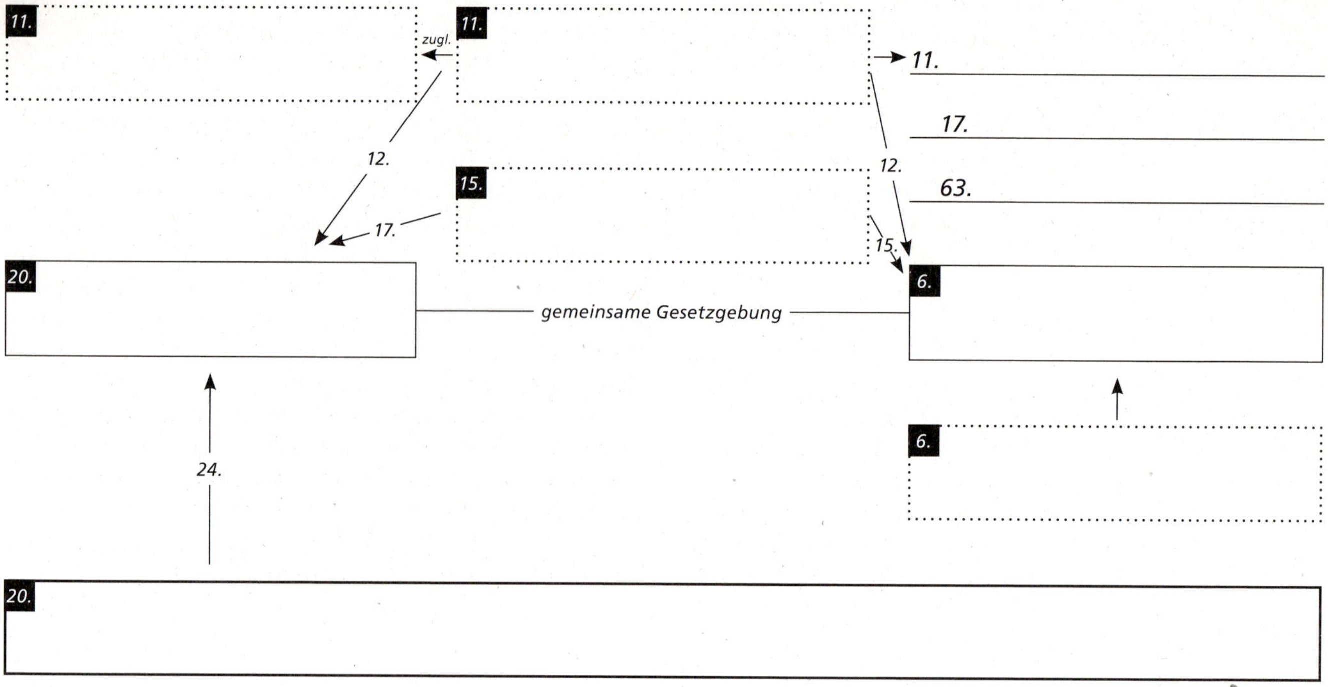

Symbole: Legislative Exekutive Wahlorgan

Auszug aus dem Verfassungstext:
Seine Majestät der König von Preußen im Namen des Norddeutschen Bundes, Seine Majestät der König von Bayern, Seine Majestät der König von Württemberg, seine Königliche Hoheit der Großherzog von Baden und seine Königliche Hoheit der Großherzog von Hessen und bei Rhein für die südlich vom Main gelegenen Teile des Großherzogtums Hessen schließen einen ewigen Bund … Dieser Bund wird den Namen Deutsches Reich führen und wird nachstehende Verfassung haben.

Art. 2. Innerhalb des Bundesgebietes übt das Reich das Recht der Gesetzgebung nach Maßgabe des Inhalts dieser Verfassung und mit der Wirkung aus, dass die Reichsgesetze den Landesgesetzen vorgehen …

Art. 6. Der Bundesrat besteht aus den Vertretern der Mitglieder des Bundes (also der Fürsten und ihrer Regierungen), unter welchen die Stimmführung sich in der Weise verteilt, dass Preußen mit den ehemaligen Stimmen von Hannover, Kurhessen, Holstein, Nassau und Frankfurt 17 Stimmen führt (die übrigen 24 Bundesländer bekommen zusammen 41 Stimmen, darunter Bayern 6, Sachsen und Württemberg je 4, Baden und Hessen je 3, Mecklenburg und Braunschweig je 2 und die übrigen Länder je 1 Stimme)

Art. 7. Der Bundesrat beschließt … über die dem Reichstag zu machenden Vorlagen und die von demselben gemachten Beschlüsse …

Art. 11. Das Präsidium des Bundes steht dem König von Preußen zu, welcher den Namen Deutscher Kaiser führt. Der Kaiser hat das Reich völkerrechtlich zu vertreten, im Namen des Reiches (mit Zustimmung des Bundesrates) Krieg zu erklären und Frieden zu schließen, Bündnisse … mit fremden Staaten einzugehen …

Art. 12. Dem Kaiser steht es zu, den Bundesrat und den Reichstag zu berufen, zu eröffnen, zu vertagen und zu schließen.

Art 15. Der Vorsitz im Bundesrate und die Leitung der Geschäfte steht dem Reichskanzler zu, welcher vom Kaiser zu ernennen ist.

Art. 17. Dem Kaiser steht die Ausfertigung und Verkündung der Reichsgesetze und die Überwachung der Ausführung derselben zu. Die Anordnungen und Verfügungen des Kaisers werden im Namen des Reichs erlassen und bedürfen zu ihrer Gültigkeit der Gegenzeichnung des Reichskanzlers, welcher dadurch die Verantwortlichkeit (gegenüber dem Reichstag) übernimmt.

Art. 20. Der Reichstag geht aus allgemeinen und direkten (Männer-) Wahlen mit geheimer Abstimmung hervor … Die Gesamtzahl der Abgeordneten beträgt 382 …

Art. 24. Die Legislaturperiode des Reichstages dauert fünf Jahre. Zur Auflösung des Reichstages während derselben ist ein Beschluss des Bundesrats unter Zustimmung des Kaisers erforderlich.

Art. 63. Die gesamte Landmacht des Reichs wird ein einheitliches Heer bilden, welches im Krieg und Frieden unter dem Befehl des Kaisers steht.

Art. 78. Veränderungen der Verfassung erfolgen im Wege der Gesetzgebung. Sie gelten als abgelehnt, wenn sie im Bundesrate 14 Stimmen gegen sich haben …

1. *Vervollständige das Verfassungsschaubild.*
2. *Liste auf, welche Rechte Kaiser, Reichskanzler, Länderregierungen und Reichstag haben. Beurteile dann, wie die Macht im Staat verteilt ist. Die „Gewusst-wie"-Seite „Verfasssungsschaubild auswerten" in deinem Buch hilft dir.*

„Das häusliche Glück" oder: Wie man einen guten Haushalt führt

Koch- und Haushaltsbücher erfreuten sich im Kaiserreich großer Beliebtheit. Das galt vor allem für die bürgerlichen Kreise: Es kam darauf an, sparsam zu wirtschaften und dennoch zu demonstrieren, dass man in guten Verhältnissen lebte. Die Ratgeberliteratur vermittelte die für eine bürgerliche Lebensführung notwendigen Kenntnisse, von den Rezepten bis zu den einschlägigen Benimm-Regeln. Es gab aber auch vereinzelt ähnliche Bücher, die sich an Arbeiterfrauen wendeten. Das erste von ihnen erschien 1881 unter dem Titel „Das häusliche Glück. Vollständiger Haushaltungsunterricht nebst Anleitung zum Kochen für Arbeiterfrauen. Zugleich ein nützliches Hülfsbuch für alle Frauen und Mädchen, die billig und gut haushalten lernen wollen".

In der Einleitung wurden die Ziele des Buches so beschrieben:
Während die höheren Stände eine ganze Reihe guter Haushaltungs- und Kochbücher zur Auswahl haben, gab es bisher kein einziges für Hausfrauen aus weniger bemittelten Ständen. Und doch bedürfen diese viel mehr eines solchen Hülfsbuches, weil sie selten so gute Gelegenheit zu ihrer Ausbildung im Haushaltungswesen haben, wie sie den Töchtern aus bessern Ständen zu Gebote steht und vorzugsweise auch deßhalb, weil es viel schwieriger ist, eine Haushaltung mit geringen Mitteln und ohne Hülfe einer Magd ganz allein zu besorgen, als dieselbe nur zu dirigiren, während eine oder mehrere Mägde die nöthigen Arbeiten besorgen. Für die zahlreichen Fabrikarbeiterinnen, welche gar keine Gelegenheit haben, sich in den häuslichen Verrichtungen auszubilden, da sie von früher Jugend auf den ganzen Tag in den Fabriken arbeiten müssen, um für sich und die Ihrigen das Brod zu verdienen, ist ein solches Handbuch, wenn sie heirathen wollen, geradezu unentbehrlich.

(Das häusliche Glück. Mit Interviews aus Arbeiterfamilien neu hrsg. von Richard Blank, München: Rogner und Bernhard 1975, S. III)

Mittagsmahlzeiten für vier Erwachsene (Winter und Frühjahr)

Sonntag		**Summe**
1 ½ Pfd. Rindfleisch	95 Pf.	
¼ Pfd. Reis in Fleischsuppe	5 Pf.	
weißer Kappus [Kohl], gedämpft	20 Pf.	1,45 Pf.
5 Pfd. Kartoffeln	15 Pf.	
1/5 Pfd. Fett zum Gemüse	10 Pf.	

Montag		
½ Pfd. Gerste in Suppe	10 Pf.	
6 Pfd. Kartoffeln	18 Pf.	68 Pf.
½ Pfd. frischen Speck	40 Pf.	

Dienstag		
3 Pfd. Sauerkraut	9 Pf.	
1 ¼ Pfd. weiße Bohnen	20 Pf.	44 Pf.
¼ Pfd. Fett	15 Pf.	

Mittwoch		
1 ½ Pfd. Erbsen in Suppe	25 Pf.	
6 Pfd. Kartoffeln	18 Pf.	63 Pf.
¼ Pfd. gebratenen Speck	20 Pf.	

Donnerstag		**Summe**
3 Pfd. eingemachte Rübstiel [Gemüse aus dem Stiel der Mairübe]	12 Pf.	62 Pf.
	20 Pf.	
1 ¼ Pfd. weiße Bohnen	30 Pf.	
¾ Pfd. Blut- oder Leberwurst		

Freitag		
10 Pfd. Kartoffeln	30 Pf.	
Zwiebelsauce	10 Pf.	54 Pf.
2 Stück Häringe	14 Pf.	

Samstag		
1 ½ Pfd. Linsen in Suppe	36 Pf.	
6 Pfd. Kartoffeln	18 Pf.	74 Pf.
¼ Pfd. gebratenen Speck	20 Pf.	

Summe für eine Woche **5,10 Pf.**

(Das häusliche Glück. Mit Interviews aus Arbeiterfamilien neu hrsg. von Richard Blank, München: Rogner und Bernhard 1975, S. 192)

1. *Das Jahreseinkommen eines Arbeiters lag damals bei etwa 1 000 Mark. Berechne, wie hoch ungefähr der Anteil ist, der nach diesem Buch für Nahrungsmittel ausgegeben werden müsste (rechne für Frühstück und Abendbrot noch einmal dieselbe Summe wie für das Mittagessen). Erkundige dich bei deinen Eltern, wie eure Ausgaben heutzutage aussehen.*
2. *Koche eines der Wochentagsgerichte nach. Überprüfe, wie satt du wirst und wie das Essen dir schmeckt.*
3. *Erstelle deinen Speiseplan für die Mittagsmahlzeiten einer Woche.*
   Vergleiche, welche Lebensmittel überhaupt vorkommen.
   Wie hoch ist jeweils der Fleischanteil?
   Welche „exotischen" Lebensmittel finden wir heute auf unserem Speiseplan?

Who is who im Kaiserreich

Hier findest du die Bilder von sechs bekannten Persönlichkeiten aus dem Kaiserreich. Die biografischen Angaben („Steckbrief") erleichtern dir die Zuordnung. Ergänze die Namen und trage jeweils die richtige Bildnummer ein. Anhand der nummerierten Kästchen kannst du zur Kontrolle ein Lösungswort herausfinden. Es ist der Name einer berühmten Frauenrechtlerin. Schreibe auf, was du sonst noch über diese sechs Personen weißt.

Steckbrief
Seine Geburt war schwer. Sein linker Arm hatte sich verklemmt und blieb Zeit seines Lebens verstümmelt. Er war begabt, aber unausgeglichen. Historiker vermuten, dass er später seine Behinderung durch sein großspuriges Verhalten ausgleichen wollte. Durch den raschen Tod seines Vaters kam er schon in jungen Jahren in eine sehr verantwortungsvolle Position.

Name **Bild Nr.**

12 1

Steckbrief
Als sein Vater starb, sah die wirtschaftliche Lage der Familie alles andere als rosig aus. Schon mit 14 Jahren musste der Junge sich um alles kümmern. Damals hätte keiner gedacht, dass er später einmal zu den reichsten Menschen in Deutschland gehören würde. Eisenbahnen und Waffen – das waren die Voraussetzungen für seinen Erfolg. Obwohl er nach den Spielregeln der Gesellschaft eigentlich nicht zu den höheren Kreisen gehörte, waren am Ende Herrscher und Regierende nicht nur aus Deutschland, sondern auch aus vielen anderen Staaten bei ihm zu Gast.

Name **Bild Nr.**

3

Steckbrief
Sein Vater starb früh und er verlebte eine Kindheit in Armut. Von der Reichsgründung bis zu seinem Tode gehörte er später dem Reichstag an. Seine Partei, deren langjähriger Vorsitzender er war, gewann von Wahl zu Wahl mehr Stimmen, aber wegen des ungerechten Wahlsystems konnte sie nur bedingt davon profitieren. Er gehörte zu den wenigen Männern, die schon frühzeitig für die Gleichberechtigung der Frauen eintraten.

Name **Bild Nr.**

11 4

Steckbrief
1892 gründete sie eine Zeitschrift, mit der ihr Namen bis heute verbunden ist. Ihre Forderungen trafen auch in der eigenen Partei vorwiegend auf Ablehnung. Als sie auch deren allgemeine politische Ausrichtung nicht mehr teilte, gründete sie eine eigene (Splitter-)Partei. Für eine dritte Partei saß sie schließlich 13 Jahre im Reichstag. Nach ihrem Tod wurde sie an der Mauer des Kreml begraben.

Name **Bild Nr.**

8 10 5

Steckbrief
Er galt als konservativ. Stets verteidigte er die Rechte der Krone gegen liberale Bestrebungen. Seine politische Laufbahn begann er als Gesandter am Frankfurter Bundestag. Als führender Staatsmann war er länger in Amt und Würden als jeder andere Deutsche. Er war nicht nur ein guter Redner, sondern schrieb auch ausgezeichnet. Seine „Gedanken und Erinnerungen" sind bis heute viel gelesen.

Name — **Bild Nr.**

10 9

Steckbrief
Zunächst stand er in dänischen Diensten, später hielt er sich vier Jahre im Osmanischen Reich auf. Dass er andere Länder kannte und viele Sprachen beherrschte, kam ihm bei seiner Karriere zu Gute. Viele Jahre leitete er eine der mächtigsten Einrichtungen Preußens und dann des Reiches und seine Entlassungsgesuche wurden immer wieder abgelehnt. Erst mit der Begründung, er sei zu alt, um noch ein Pferd besteigen zu können, erlangte er seinen Abschied.

Name — **Bild Nr.**

2 6

3

2

6

5

1

4

Lösungswort

1 2 3 4 5 6 7 8 9 10 11 12

Herr Bartels wird Kommerzienrat – eine Urkunde

Wir Wilhelm,

von Gottes Gnaden

König von Preußen etc:

Thun kund und fügen hiermit zu wissen, daß Wir Allergnädigst geruht haben, dem Kaufmann Wilhelm Bartels zu Gütersloh den Character als Kommerzienrath zu verleihen.

Es ist dies in dem Vertrauen geschehen, daß der nunmehrige Kommerzienrath Bartels Uns und Unserem Königlichen Hause in unverbrüchlicher Treue ergeben bleiben und fortfahren werde, nach Kräften zum allgemeinen Besten beizutragen, wogegen derselbe sich Unseres Allerhöchsten Schutzes bei den mit seinem gegenwärtigen Character verbundenen Rechten zu erfreuen haben soll.

Urkundlich haben Wir dieses Patent Allerhöchstselbst vollzogen und mit Unserem Königlichen Insiegel versehen lassen.

Gegeben, Berlin den 24. April 1874.

[illegible]

Patent
als Kommerzienrath
für den Kaufmann
Wilhelm Bartels
zu Gütersloh.

[illegible]

Hier siehst du eine Urkunde. Ausgestellt hat sie der König von Preußen (und Deutsche Kaiser), Wilhelm II. Er ernennt darin den Kaufmann Wilhelm Bartels zum „Kommerzienrat“. Das war ein Ehrentitel für Menschen aus der Wirtschaft, die sich um Stadt und Land besonders verdient gemacht hatten.

1. *Der Text ist in der alten deutschen Schrift geschrieben. Versuche, ihn in heutige Schreibschrift zu übertragen. Nimm dafür das Alphabet unten zu Hilfe.*

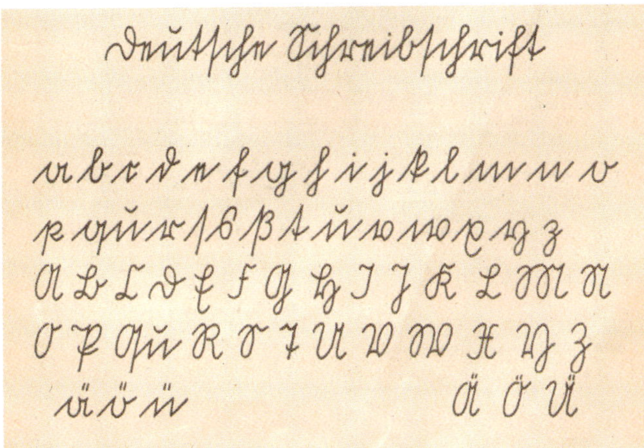

Ein wichtiger Tipp: *In der „deutschen Schreibschrift“ gab es bei den Kleinbuchstaben zwei Formen des „s“. Das spitz aussehende „s“ wurde am Wortanfang oder innerhalb eines Wortes verwendet, das rund erscheinende „s“ benutzte man am Ende eines Wortes.*

2. *Beschreibe den Eindruck, den die Urkunde und der Text auf dich machen.*
3. *Stelle dir vor, wie sich Kaufmann Bartels gefühlt haben mag, als er diese Urkunde erhalten hat. Wie mag sie seine Haltung zum König/Kaiser und zum Staat beeinflusst haben?*
4. *Kopiere und vergrößere die Urkunde. Du kannst dann den Mittelteil ausschneiden und stattdessen deinen eigenen Text einfügen.*
5. *Überlege, was für Ehrungen, die mit einer Urkunde verbunden sind, es heute gibt. Was hältst du von ihnen? Wer sollte sie erhalten?*

Alltag im Deutschen Kaiserreich

Berlin 1908

Der Autor Jeannot Emil Freiherr von Grotthuß berichtet über ein Ereignis in Berlin:

Ein junger Beamter lernt die Tochter einer wenig bemittelten [= armen] Witwe kennen und heiratet das Mädchen trotz ihrer Armut. Nach fünfjähriger glücklicher Ehe begeht der Kriegerverein in Berlin, dem der junge Sekretär als ehemaliger Militär angehört, sein Stiftungsfest, und der Beamte führt seine junge, reizende Frau in den Familienkreis seiner ehemaligen Kameraden ein. Im Verlauf des Abends fängt er eine Bemerkung auf, die ein als Gast anwesender ehemaliger Vorgesetzter macht, und die dessen Verwunderung ausdrückt, daß in einer so ‚anständigen' Gesellschaft ‚auch Kellnerinnen' Zutritt fänden. Zur grenzenlosen Bestürzung des jungen Mannes weist jener dabei mit dem Finger auf seine in einiger Entfernung von ihm stehende eigene junge Gattin. Totenbleich fordert der Beamte den Gast zu einer Erklärung auf, der nun, erschrocken über das, was er angerichtet hat, nicht anders kann, als dabei zu bleiben, daß die von ihm bezeichnete Dame ihn früher längere Zeit in einem Restaurant der Friedrichstraße bedient habe. Die gänzliche Fassungslosigkeit seiner sofort von ihm unter vier Augen zur Rede gestellten Frau beweist dem Beamten, daß die Behauptung begründet ist – entrüstet, vernichtet verläßt er das Fest. Später gelang es wohl den Bitten der jungen Frau, ihren Mann zu beruhigen, aber der Wurm fraß weiter. Da sie damals trotz aller Anstrengungen keine passende Beschäftigung finden konnte und ihre alte Mutter nicht darben lassen wollte, so hatte sie einige Zeit in ehrbarster Weise als Kellnerin gearbeitet! und nun wurde ihrem Mann zu allem noch nahegelegt, aus dem Verein auszuscheiden."

(Jeannot Emil Freiherr von Grotthuß: Aus deutscher Dämmerung. Schattenbilder einer Übergangskultur. 3. Auflage. Stuttgart 1909, S. 257–258. Zitiert nach: Deutsche Sozialgeschichte. Dokumente und Skizzen. Band II: 1870–1914. Hrsg. von Gerhard A. Ritter u. Jürgen Kocka. München: C.H. Beck 1974, S. 415.)

Aus der Erinnerung einer Verkäuferin:

„Hier im Bergkirchenviertel waren wir wie eine große Familie. Da gab es keine sozialen Klassengegensätze. [Aber während ihrer Lehre]: Da hab ich gemerkt, dass es in Wiesbaden Klassenunterschiede gab […] Unser Laufbursche zum Beispiel mußte die Waren den Kunden ins Haus bringen – und wenn es noch so kleine Päckchen waren, die haben die Kunden nicht selbst mitgenommen. Der Grund war: Die Nachbarn sollten sehen, dass man in einem vornehmen Geschäft eingekauft hatte, der Laufbursche trug ja an der Mütze den Namen des Geschäftes. […] Im Geschäft durften wir Verkäuferinnen nur schwarz-weiße Kleidung tragen, damit wir den Kundinnen keine Konkurrenz machten, den vornehmen Damen, die zu uns ins Geschäft kamen."

Die Frau eines kleinbürgerlichen Handwerkermeisters beschreibt den Stadtteil „Hilf" folgendermaßen:

„Die Hilf, das war vor dem Ersten Weltkrieg ein verrufenes Gebiet, da wohnten viele Tagelöhner, Arbeiter. Die Frauen haben geputzt, die Kinder auf der Straße sich allein überlassen. Das war so ein bisschen der Abschaum von Wiesbaden."

Auf die Frage, ob sie dann keine Angst in diesem Stadtteil hätte, antwortete eine „Hilferin":

„Im Gegenteil. Wenn ich abends heimkam […] wenn ich hier vorne um die Ecke kam, da war ich daheim. Ich hätte ja nur schreien brauchen, da wäre alles aus dem Fenster gestürzt. Ein so ausgesprochen gutes Gefühl von Geborgenheit wie damals dort, das hab ich heute nicht mehr."

(Imbke Behnken u. a.: Stadtgeschichte als Kindheitsgeschichte. Lebensräume von Großstadtkindern in Deutschland und Holland um 1900. Opladen: Leske und Budrich 1989, S. 76 u. S. 151 ff. Zitiert nach: Geschichte lernen 63 (1998), S. 64.)

1. *Stell Dir vor, du bist ein „zeitreisender Reporter" für ein Geschichtsmagazin und hast die oben abgedruckten Aussagen durch ein Interview erfahren. Bereite jetzt einen Artikel für das Geschichtsmagazin vor. Beachte dabei, dass du den Artikel aus der heutigen Perspektive schreibst und den Lesern möglichst verständlich erläuterst, wie sich die Situation der Menschen damals von unserer heutigen unterscheidet.*

„Unsere" Kolonien?

1884 machte der Bremer Zoologe Dr. Finsch Station in Dallmannshafen auf Kaiser-Wilhelms-Land (heute Neu-Guinea). Der Maler Moritz Hoffmann hielt dessen Begegnung mit Eingeborenen wenig später (ca. 1885–1890) in einem Gemälde fest.

Begrüßung des Bremer Zoologen Dr. Finsch in Dallmannshafen (Kaiser-Wilhelm-Land, heute Neu-Guina) auf einer Expedition 1884. Gemälde von Moritz Hoffmann, 1885/90.

Ein Buch für deutsche Schüler, 1891

1. *Beschreibe die Darstellung der einzelnen Personen auf den Bildern. Wie haben die Künstler das Verhältnis zwischen dem Gast und den Einheimischen jeweils dargestellt?*
2. *Nenne Gründe für diese Form der Darstellung der Begegnung eines Europäers mit den Eingeborenen einer fernen Insel.*
3. *Wie hat wohl Dr. Finsch die Begegnung in seinem Tagebuch beschrieben? Schreibe den Tagebucheintrag.*
4. *Was haben die Eingeborenen am Abend ihren Angehörigen von dem Treffen berichtet?*

Aus Kolonien werden neue Staaten – die Geschichte Afrikas im 20. Jahrhundert

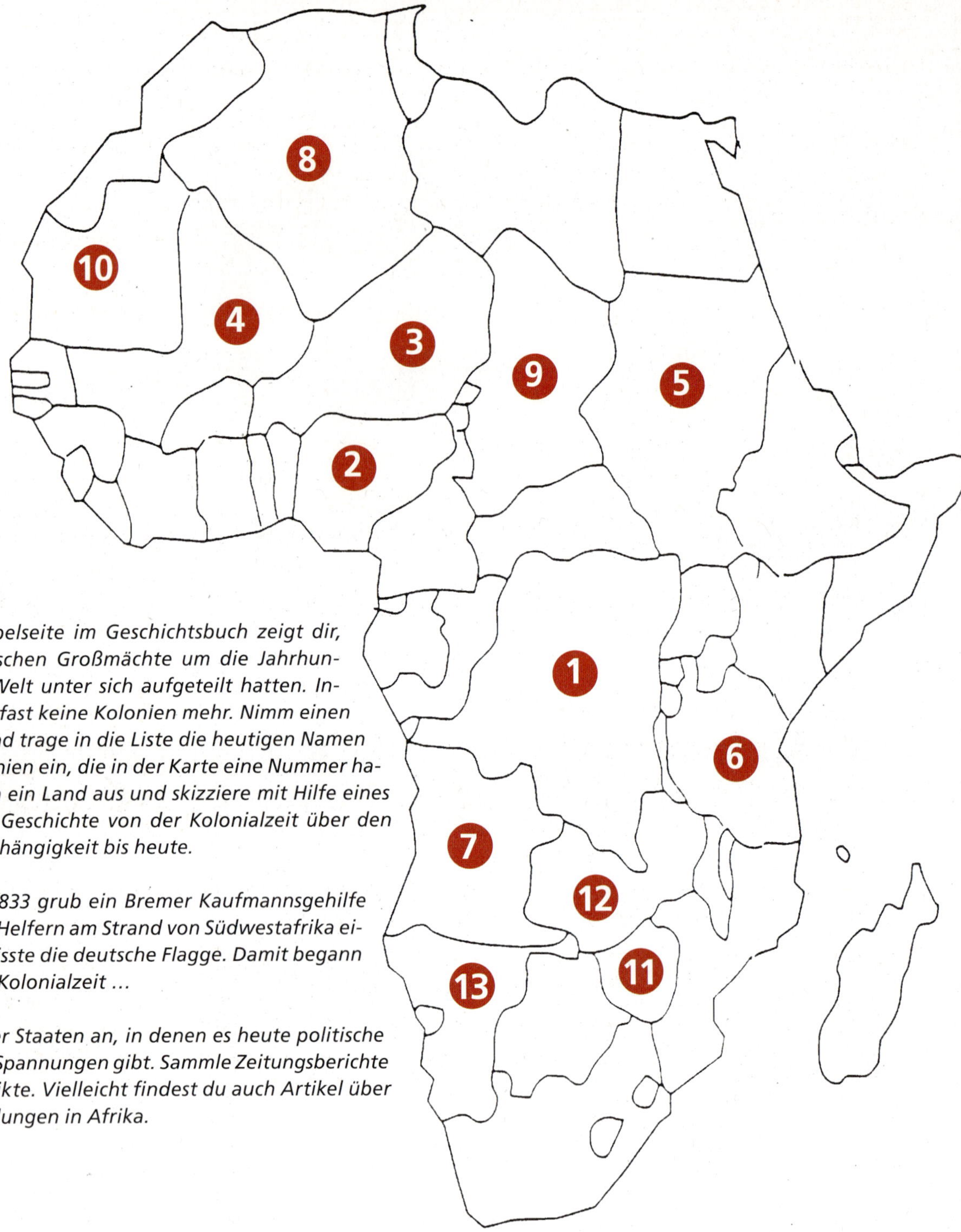

1. Die Auftaktdoppelseite im Geschichtsbuch zeigt dir, wie die europäischen Großmächte um die Jahrhundertwende die Welt unter sich aufgeteilt hatten. Inzwischen gibt es fast keine Kolonien mehr. Nimm einen Atlas zur Hilfe und trage in die Liste die heutigen Namen ehemaliger Kolonien ein, die in der Karte eine Nummer haben. Wähle dann ein Land aus und skizziere mit Hilfe eines Lexikons dessen Geschichte von der Kolonialzeit über den Beginn der Unabhängigkeit bis heute.

Beispiel: Im Jahre 1833 grub ein Bremer Kaufmannsgehilfe zusammen mit vier Helfern am Strand von Südwestafrika einen Mast ein und hisste die deutsche Flagge. Damit begann für dieses Land die Kolonialzeit …

2. Kreuze einige der Staaten an, in denen es heute politische und militärische Spannungen gibt. Sammle Zeitungsberichte über diese Konflikte. Vielleicht findest du auch Artikel über positive Entwicklungen in Afrika.

1 ______________________

2 ______________________

3 ______________________

4 ______________________

5 ______________________

6 ______________________

7 ______________________

8 ______________________

9 ______________________

10 ______________________

11 ______________________

12 ______________________

13 ______________________

Liebesgaben für die Front

Im Geschichtsbuch hast du von der Kriegsbegeisterung der Bevölkerung zu Beginn des I. Weltkrieges gelesen. Sie nahm starken gefühlsmäßigen Anteil am Wohlergehen der Kämpfenden. Bürgerliche Frauenvereine veranstalteten Liebesgabennachmittage, um das Verpacken und Versenden der gesammelten Güter zu organisieren. Frauen aller Schichten trafen sich in so genannten „Klebestuben", in denen sie mit Hilfe von Tapetenpapier und Tapetenleim Lesehefte für die Front und die Lazarette zuasammenstellten. Fabrikanten warben in Zeitungen und Zeitschriften für ihre zunächst noch reichlich vorhandenen Produkte, die nach ihrer Meinung die Soldaten dringend benötigten.

Liebeshandschuh trag ich an den Händen,
Liebesbinden wärmen meine Lenden,
Liebesschals schling nachts ich um den Kragen,
Liebeskognak wärmt den kühlen Magen,
Liebestabak füllt die Leibespfeife
Liebesschokolade ist erlabend,
Liebeskerzen leuchten mir am Abend,
Schreib ich mit dem Liebesbleistift tiefe
Liebesgabendankesagebriefe,
Wärmt der Liebeskopfschlauch nachts den Schädel,
Seufz' ich: soviel Liebe – und kein Mädel!
(Ein Mann)

Liebeshandschuh stricken fleiß'ge Hände
Liebesbinden finden gar kein Ende,
Liebesdauerwürste schicken ohne Zahl
Wir den Braven für ein Schützengrabenmahl,
Liebeszigaretten und -zigarren
Für die Tapfren, die im Felde harren
Tag für Tag auf Liebesfeldpostbriefe,
Und es ist, als ob im Herzen schliefe
Still der Wunsch – er regt sich dann und wann
Seufzend: Soviel Liebe – und kein Mann!
(Ein Mädel)

1. *Untersuche, welche sprachlichen und optischen Mittel die Werbung 1914 einsetzte, um ihre Absichten zu erreichen.*
2. *Beschreibe, was für ein Bild des Krieges die Anzeigen und die Soldatengedichte vermitteln.*
3. *Vergleiche deine Ergebnisse mit der in deinem Geschichtsbuch geschilderten Wirklichkeit.*

Die Haltung von Offizieren und „einfachen“ Soldaten im letzten Kriegsjahr

1. *Im Sommer 1918 fertigte ein hoher Offizier der kaiserlichen Marine die oben stehende Zeichnung für sein Tagebuch an. Beschreibe die darin deutlich werdende Haltung zur Kriegführung und gegenüber dem Reichstag, der Vertretung des Volkes.*
2. *Ein „Vertrauensmann für Aufklärungstätigkeit“, wie sie damals üblich waren, wurde im November 1918 in ein Reservelazarett geschickt, um die Stimmung der verwundeten Soldaten zu erkunden. Er meldete, dass folgende Fragen und Aussagen häufig wiederkehrten:*
   - *„Trägt nicht Deutschland selbst durch seine militärische Rüstung in erster Linie Schuld am Kriegsausbruch?“*
   - *„Hätte sich der Krieg nicht durch rechtzeitiges diplomatisches Einlenken noch vermeiden lassen?“*
   - *„Wir kämpfen nur für die oberen Zehntausend.“*
   - *„Der deutsche Arbeiter wird nach wie vor trotz aller schönen Reden in seiner elenden Lage verbleiben.“*
   - *„Kaiser und Königtum ist veraltet – Republik.“*
   - *„Der deutsche Militarismus ist der größte Feind der persönlichen Freiheit – die Behandlung sklavisch.“*
3. *Versetze dich in die Lage des Vertrauensmannes. Wie wird er vor dem 9. November 1918 auf die Fragen reagieren? Verfasse einen kurzen Bericht an seine Auftraggeber. Wie könnten seine Informationen nach dem 9. 11. 1918 lauten?*

Wie ich den Krieg erlebte

1. *Stell dir vor, du wärest einer der Schüler gewesen, die 1918 am Ende des Krieges in dieser Klasse (siehe nebenstehendes Bild) saßen, und müsstest einen Aufsatz zu dem Thema: „Wie ich den Krieg erlebte" schreiben.*
2. *Waren alle so begeistert, wie es das Foto mit den jubelnden Freiwilligen im Geschichtsbuch zeigt? Was weißt du von dem Leben an der Front? Was hast du über die Gründe für die Niederlage gehört?*

3. *Die abgedruckten Schlagzeilen aus deutschen Zeitungen kommentieren Ereignisse von 1914–1918. Bringe sie mit Hilfe des Geschichtsbuchs in die richtige zeitliche Reihenfolge. Warum hebt die SPD-Zeitung die Nachricht vom Friedensprogramm besonders hervor?*

Germania

Zeitung für das deutsche Volk

mit Handelsblatt und den Beiblättern: Blätter für Literatur, Wissenschaft und Kunst – Kirche und Welt – Blätter für Unterhaltung Illustrierte Kriegschronik – Gegründet 1870 (48. Jahrgang)

Nr. 527 | Sonntag, 10. November | Morgen-Ausgabe

Die Revolution in Berlin.

(Kreuz-Zeitung)

Die Ermordung des Erzherzog-Thronfolgers und seiner Gemahlin.

Opfer eines Komplotts serbischer Nationalisten. – Verhaftung und Geständnis des Täters. – Antiserbische Kundgebungen in Sarajewo.

Nr. 196. 34. Jahrg.

Vorwärts 5 Pfennig

Berliner Volksblatt.

Zentralorgan der sozialdemokratischen Partei Deutschlands.

Freitag, den 20. Juli

Das Friedensprogramm des Reichstags.

Angenommen mit 214 gegen 116 Stimmen.

Redaktion und Verlag der Frankfurter Zeitung.

Thronverzicht des Kaisers und des Kronprinzen!

Ebert voraussichtlich Reichskanzler. – Wahlen zur Nationalversammlung!

Preußische Zeitung

Vorwärts mit Gott für König und Vaterland

(Kreuz-Zeitung)

Siegreiches Fortschreiten im Westen.

Kaiser Wilhelm II. – Auftreten und Wirkung

1890 ließ Kaiser Wilhelm II. dieses Porträt anfertigen, das in der deutschen Botschaft in Paris hängen sollte. Ein französischer General bemerkte dazu: „Dies ist kein Porträt, sondern eine Kriegserklärung!"

1. *Beschreibe das Bild und charakterisiere das sich dann ausdrückende Selbstverständnis des Kaisers. Nimm Stellung zu dem Urteil des französischen Generals.*

Im gleichen Jahr erschien in der englischen satirischen Zeitschrift „Punch" eine Karikatur mit dem Titel „Das enfant terrible" (=das schreckliche Kind) und folgender Unterschrift: „Mach' so nicht weiter, sonst wirst du uns alle umkippen."

2. *Beschreibe das Bild und vergleiche es mit dem oberen. Auf welche Ereignisse bezieht sich die Karikatur?*

Von der Monarchie zur Republik – Kriegsende in Deutschland

Informiert euch im Verfassertext und den Materialien über die Auswirkungen der folgenden Ereignisse und ergänzt die Übersicht:

Datum	Ereignisse	Folgen
Anfang Oktober 1918	Hindenburg (OHL) erklärt den Krieg für verloren	
Ende Oktober 1918	Die Seekriegsleitung fordert die Wiederaufnahme der Kämpfe	
	Die ausgelaufenen Kriegsschiffe kehren zurück	
	Verfassungsänderung: „Oktoberverfassung“	
November 1918	Matrosenaufstand in Kiel: Bildung von Arbeiter- und Soldatenräten	
	Abdankung des Kaisers und Ausrufung der Republik: Bildung des „Rats der Volksbeauftragten“	
	Unterzeichnung des Waffenstillstandes in Compiegne	
Dezember 1918	Tagung des „Reichskongresses der Arbeiter- und Soldatenräte“ in Berlin	
Januar 1919	Straßenkämpfe in Berlin; Besetzung des „Vorwärts“-Gebäudes	
	Ermordung von Rosa Luxemburg und Karl Liebknecht	
	Wahlen zur Verfassungsgebenden Nationalversammlung	

Von Reformen im zaristischen Russland bis zur Revolution

Ergänze die unten stehende Tabelle mit den wichtigsten Stichpunkten zu den Reformen im zaristischen Russland. Nimm dein Schulbuch zuhilfe. Trage auch die verschiedenen revolutionären Ereignisse ein.

Zeit	Wirtschaft	Gesellschaft	Regierung/Militär/Verwaltung
1861		Leibeigenschaft aufgehoben	
1864			Einführung einer ...
1874			
1891			
1905			
1906			
1911			
1917			

Gesellschaften im Vergleich – das zaristische Russland und das Deutsche Reich um 1895

Russland

Adel (Großgrundbesitzer, hohe Beamte, Offiziere)

Großbürger (Unternehmer, Kaufleute, Beamte)

Kleinbürger (kleinere Angestellte, Handwerker)

Kulaken – reiche Bauern (15 % der Bauern)

Mittelbauern (20 % der Bauern)

Kleine Bauern und Landarbeiter (65 % der Bauern)

Industriearbeiter

(Intelligenzija aus allen sozialen Schichten)

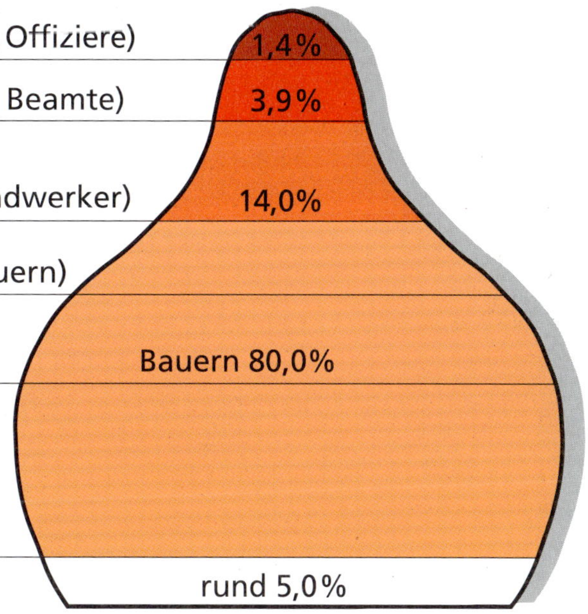

Deutsches Reich

obere Schicht
Adel, größere Grundbesitzer, Besitzer großer Unternehmen, einzelne höhere Beamte und Offiziere, Ärzte, Künstler

oberer Mittelstand
mittlere Grundbesitzer und Unternehmer, die meisten höheren Beamten, Selbstständige

unterer Mittelstand
Kleinbauern, Handwerker, einfache Beamte, Werkmeister, Angestellte und besser bezahlte Arbeiter

untere Klassen
einfache Arbeiter, viele untere Beamte, ärmere Handwerker und Kleinbauern

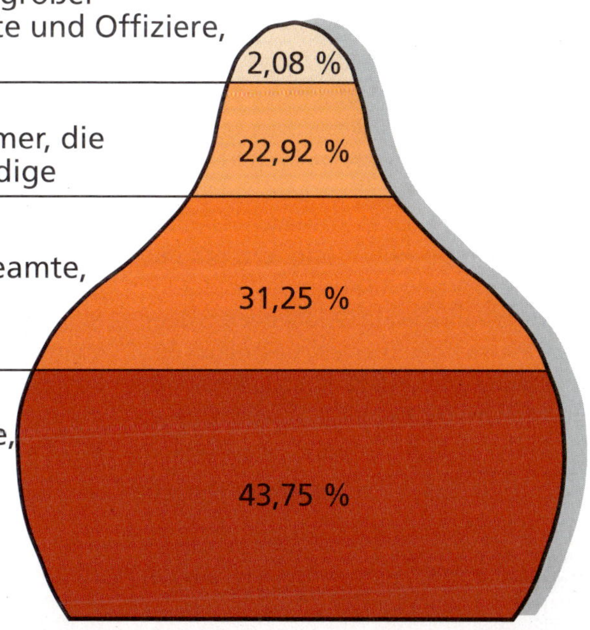

Quelle: Gustav Schmoller: Was verstehen wir unter dem Mittelstand? Hat er im 19. Jahrhundert zu oder abgenommen? Göttingen, 1897, S. 31, zitiert nach: Franz Rothenbacher: Soziale Ungleichheit im Modernisierungsprozess des 19. und 20. Jahrhunderts. Frankfurt/New York: Campus 1989, S. 232)

Die beiden Schichtungsmodelle zeigen die gesellschaftlichen Strukturen im Deutschen und dem Russischen Reich.

1. *Beschreibe und vergleiche beide Modelle. Welche Unterschiede erkennst du? Wie erklärst du dir sie?*
2. *Welche Gemeinsamkeiten kannst du erkennen?*

Die Transsibirische Eisenbahn von Moskau nach Wladiwostok.

Zur Geschichte der Transsibirischen Eisenbahn

Die erste Bahnlinie Russlands verband 1837 St. Petersburg mit dem 23 km entfernt gelegenen Zarenschloss, 1851 gab es die Verbindung nach Moskau. In dieser Zeit tauchten auch die ersten Pläne für den Eisenbahnbau in Sibirien auf. Die seit 1869 bestehende Eisenbahnverbindung durch den amerikanischen Kontinent ließ auch in Russland das Interesse für ein derartiges Projekt wachsen, aber erst mit der Thronbesteigung Zar Alexanders III. 1881 wurde die Idee intensiv vorangetrieben. Obwohl private Geldgeber aus dem In- und Ausland ihr Interesse signalisierten, übernahm der Staat planerisch und finanziell den Eisenbahnbau. Besonderes Engagement entwickelte der damalige Finanzminister Sergej Witte (1849–1915), der seine Beamtenlaufbahn bei der Odessaer Eisenbahnverwaltung begonnen hatte. 1892 gründete der spätere Zar Nikolaus II. das Komitee der Sibirischen Eisenbahn, das neben dem Eisenbahnbau auch die weitere Erschließung Sibiriens koordinieren sollte. Die Gesamtstrecke wurde in mehrere Bauabschnitte aufgeteilt. In den Hauptphasen waren mehr als 100 000 Menschen beim Bau der fast 10 000 km langen Eisenbahnlinie beschäftigt. Ein bisschen unklar bleibt die Geburtsstunde des regelmäßigen Eisenbahnverkehrs auf der Strecke: Der russische Staat feierte 2001 das 100jährige Jubiläum, die historischen Dokumente nennen den 1. Juli 1903 als Datum der Aufnahme des Regelzugverkehrs und am 18. Oktober 1916 wurde die Amurbrücke übergeben, so dass die Transsib zwischen Ural und Pazifik vollständig auf russischem Hoheitsgebiet fuhr.

Bahnbedienstete an der fertiggestellten Station Chylga. Foto, undatiert.

Die Station Bogotol. Foto, um 1900.

Du benötigst eine physikalische Karte Russlands, z. B. in einem Schulatlas, um die nachfolgende Aufgabe zu lösen:

1. *Suche folgende Städte und trage sie in die Umrisskarte ein: Jekaterinburg, Novosibirsk, Krasnojarsk, Irkutsk. Ordne auch die Orte zu, in denen die Fotos aufgenommen wurden.*
2. *Ermittle die Entfernungen zwischen den jeweiligen Orten. Du kannst dies entweder der Karte oder dem Schulatlas entnehmen oder du rufst die Internetseite www.Trans-sib.de auf.*
3. *Ermittle die Vorteile, die sich die Regierenden im Zarenreich vom Bau der Eisenbahnstrecke erhofft haben.*
4. *Auf welche Schwierigkeiten musste sich ein Tourist um 1910 wohl einstellen, wenn er die Transsib benutzte?*

Von	**nach**	**Entfernung in km (ca.)**
Moskau		
	Wladiwostok	

Die Station Baikal.
Foto, um 1900.

Die Station Menke.
Foto, ca. 1895.

Die Struktur der Doppelherrschaft im Jahr 1917

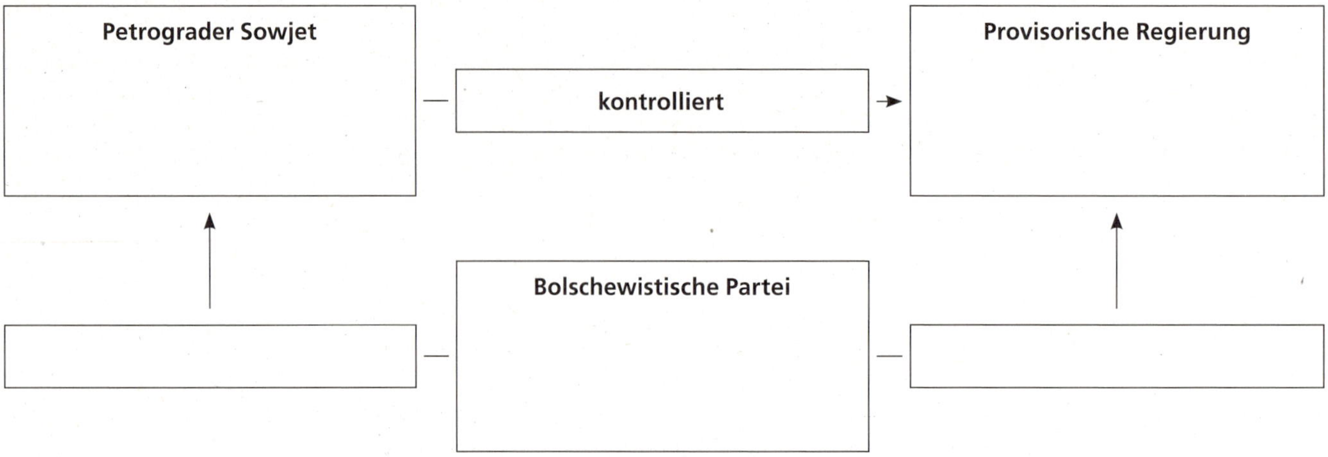

1. Trage die Aufgabenbereiche der jeweiligen Organisationen stichwortartig in die Kästen ein.
2. Trage ein, wie sich die Bolschewistische Partei gegenüber dem Petrograder Sowjet und der Provisorischen Regierung verhält.

Die Parteien in Russland

3. Ordne der jeweiligen Partei ihre Kurzbeschreibung zu.

1) Kadetten – 2) Sozialrevolutionäre – 3) Menschewiki – 4) Bolschewiki

a) russ. „Minderheitler“, Marxisten, die für eine sozialistische Revolution eintreten. Sie halten am Prinzip der demokratisch organisierten Massenpartei fest.
b) Vertreter der sozialistischen Vorstellungen des landlosen Bauerntums.
c) eigentl. Konstitutionelle Demokratische Partei. Setzt sich für das allgemeine Wahlrecht, für Parlamentarisierung sowie für Agrar- und Sozialreformen ein.
d) russ. „Mehrheitler“, Marxisten, die für die sozialistische Revolution eintreten. Sie organisieren sich als Kaderpartei mit autoritärer Lenkung durch Parteifunktionäre.

Die Sitzverteilung der Parteien

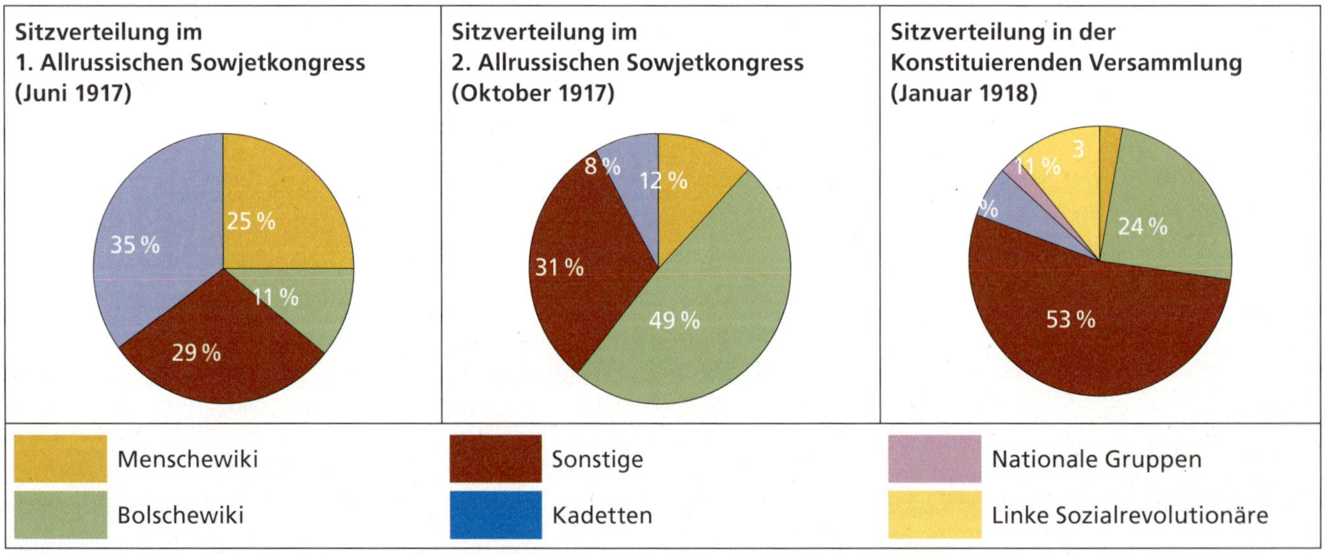

4. Welche Mehrheitsverhältnisse liegen jeweils vor?
5. Wie stellten sich die Bolschewisten im Oktober 1917 und Januar 1918 vor, ihre Macht durchzusetzten? Wie erreichten sie ihr Ziel?

Stalinkult

1. *Achte genau auf die Geste und die Gegenstände, die auf dem Tisch stehen und beschreibe den Eindruck, den der Maler des Bildes von Stalin vermitteln will.*
2. *Beschreibe die Erscheinungsweisen des „Personenkults".*
3. *Stalin wird häufig auch der „rote Zar" genannt. Erkläre, was damit gemeint ist.*

Gemälde von Alexander Gerassimow, Stalin, 1939

Criss Cross Puzzle – vom Zarenreich zur Sowjetunion

Waagerecht

8. *Bergmann, der in der UdSSR zum „Helden der Arbeit" aufstieg*
9. *russischer Maler (1844–1930)*
10. *Inselfestung, auf der 1921 ein Aufstand gegen die Bolschewisten stattfand*
14. *Maler der russischen Avantgarde, der später geächtet wurde*
15. *Hauptstadt des Zarenreiches*
18. *russischer revolutionärer Schriftsteller*
19. *russischer Revolutionär, der in Mexiko ermordet wurde*

Senkrecht

1. *russischer Ministerpräsident der Zarenzeit*
2. *genossenschaftlicher Zusammenschluss von Bauernhöfen (Plural)*
3. *russischer Revolutionär*
4. *zur Zeit Stalins errichtetes Stahlzentrum*
5. *russische Dorfgemeinde*
6. *Bezeichnung für den russischen Monarchen*
7. *revolutionäre Partei: „Mehrheitler"*
8. *politisches Führungsorgan: „Räte" (Plural)*
10. *politische Gruppe, die für eine konstitutionelle Monarchie eintrat*
11. *russisches Parlament der Zarenzeit*
12. *bekannte Abkürzung für die russischen Straflager*
13. *Großbauern*
16. *russischer Diktator*
17. *Maler des russischen Realismus*

Revolution in Deutschland

Die Revolution war mit der Wahl der Nationalversammlung noch nicht zu Ende. Besonders in den industrialisierten Regionen Deutschlands wie dem Ruhrgebiet versuchten unzufriedene Bergarbeiter in den ersten Monaten des Jahres 1919 immer wieder, durch Streiks weitere gesellschaftliche Veränderungen zu erzwingen. Im Frühjahr 1920 kam es hier zu einem offenen Aufstand der radikalen Linken gegen die Regierung. Etwa 50000 Arbeiter formierten sich zu einer Armee (Foto) und brachten Teile des Ruhrgebiets in ihre Gewalt. Der Aufstand wurde von der Reichswehr niedergeschlagen.

Die Historikerin Karin Hartewig hat die Revolution am Beispiel der Stadt Oberhausen im Ruhrgebiet untersucht:

Der Verdacht der Belegschaft [der Zeche Concordia], dass Lebensmittel und Gebrauchsgegenstände in der Zeche gehortet würden, und das Gerücht ihrer voraussichtlich ungerechten Verteilung an Beamte und Angestellte ließen die Bergarbeiter zur Selbsthilfe greifen. Um eine gerechte Verteilung der Waren zu gewährleisten, wurden vom Arbeiterrat der Zeche 12 Bergleute zur Bewachung des Lebensmittellagers eingesetzt, bis am 1.2.1919 die Verteilung der Waren erfolgen sollte. Die Weigerung des Zechendirektors, diese Wachposten – wie vom Arbeiterrat zugesichert – nach Schichtlohn zu bezahlen, wurde zum Fanal für die Plünderung der Verkaufsstellen durch die gesamte Belegschaft. In der Menage der Zeche wurden 14 Schweine geschlachtet sowie Hühner, Kartoffeln und Heringe gestohlen. Auch der Weinkeller eines Verwandten des Kantinenverwalters fiel den Plünderung zum Opfer. Darüber hinaus richtete sich die radikale Energie der Belegschaft gegen das Verwaltungsgebäude der Zeche, das demoliert wurde. Die Grubenpferde wurden von unter Tage herausgeholt und freigelassen. Von den Schachtanlagen der Zeche setzten sich am selben Tag Demonstranten und Plünderer nach Oberhausen in Bewegung, wo es vor dem jüdischen Bekleidunghaus Levy und anderen Konfektions- und Schuhgeschäften zu „Tumulten" kam, bei denen die Herabsetzung der Preise gefordert wurde.

Nachdem sich die Demonstranten auf dem Altenmarkt versammelt hatten, kam es zunächst in den Läden rund um den Markt und später in der ganzen Stadt zu Plünderungen. [Die Bergarbeiter wählten] vornehmlich „feine" bürgerliche Geschäfte für Zigarren, Spirituosen, Herrenmoden und Hüte. Um 20 Uhr sah sich der Arbeiterrat von Oberhausen gezwungen, den Belagerungszustand über die Stadt zu verhängen. [... In den folgenden Monaten wurden] von Frauen und Kindern zahlreiche Felddiebstähle verübt, bei denen vor allem Kartoffeln gestohlen wurden. Immer häufiger brachen zudem Erwachsene, Jugendliche und Kinder Eisenbahnwaggons auf, die zu Lagerzwecken vorübergehend auf Bahnhöfen abgestellt waren und deren Ladung noch nicht an die betreffenden Adressaten gelangt war. Ihr Inhalt, vor allem Lebensmittel, wurde entweder dem privaten Verbrauch oder dem Schleichhandel zugeführt. Auch Eisenteile der schwerindustriellen Werke und Industriebetriebe wurden entwendet und an Alteisenhändler verkauft oder möglicherweise auf dem schwarzen Markt gegen Nahrungsmittel und Kleidung getauscht.

(Aus: Henrich August Winkler/Alexander Cammann: Weimar. Ein Lesebuch zur deutschen Geschichte 1919–1933. München: Verlag C.H.Beck, 3. Aufl. 1999, S. 68ff.)

Die „Rote Armee" im Ruhrgebiet bewaffnet sich, Frühjahr 1920.

1. *Verfasse das Interview eines Zeitungsreporters mit den Bergleuten von Oberhausen oder mit einer Gruppe plündernder Kinder. Frage in dem Interview jeweils nach der Situation, den Motiven und Empfindungen der Menschen.*
2. *Überlege, welche Maßnahmen der provisorische Arbeiterrat von Oberhausen im Einzelnen ergreifen könnte. Formuliere einen Aufruf vom Frühjahr 1919 mit der Überschrift „Ruhe, Sicherheit und Ordnung in Oberhausen".*

„Der wahre Jacob" und die Verfassung der Weimarer Republik

Referenten-Entwurf von Hans Bauer

Abschnitt A. Reich und Länder
Artikel 1.
Der Staatsgewalt geht das Volk aus.

Artikel 2.
Das Reichsgebiet zerfällt in 17 Länder.

Abschnitt B. Der Reichstag.

Der Reichstag besteht aus den Innungs-Obermeistern, den Verbandssyndici und den Vorsitzenden der Landwirtschaftskammern. Einzelheiten regeln die Arbeitgeberverbände.

Abschnitt C. Reichspräsident und Reichsregierung.
Artikel 4.
Reichspräsident ist der jeweils rangälteste General.

Artikel 5.
Der Reichspräsident ist souverän. Er kann vorübergehend auf einen Teil seiner Machtbefugnisse zugunsten des Reichstags verzichten.

Artikel 6.
Der Reichskanzler und die Reichsminister müssen dem Adel der Nation entstammen. Sie bedürfen zu ihrer Amtsführung des Vertrauens der Reichswehr.
Allen Beschlüssen der Reichsregierung gegenüber muss das Volk zurücktreten.

Abschnitt D. Die Reichsgesetzgebung.
Artikel 7.
Die Gesetzgebung wird den Parteien erlassen.
Die Gesetze werden zur Not verordnet.

Abschnitt E. Die Rechtspflege.
Artikel 8.
Die Richter sind vom Gesetz unabhängig.
Die Angeklagten sind vom Wohlwollen der Richter abhängig.
Die Regel bilden Ausnahmegerichte.

Abschnitt F. Grundrechte und Grundpflichten.
Artikel 9.
Alle Deutschen haben das gleiche Recht auf Hunger.
Es herrscht Freizügigkeit. Alle Deutschen können an einem beliebigen Ort des Reiches und in einem beliebigen Nahrungszweige in Konkurs gehen und den Offenbarungseid leisten.

Artikel 10.
Jeder Deutsche hat das Recht, seine, den Maßnahmen der Regierung zustimmende Meinung, durch Wort, Schrift, Druck, Bild oder in sonstiger Weise frei zu äußern.

Artikel 11.
Die Beschränkung der Zensur wird aufgehoben.

Artikel 12.
Der Ehe, als Grundlage des Familienlebens, darf, soweit sie im Tonfilm, im Rundfunk und auf der Schaubühne behandelt wird, nichts Problematisches innewohnen.

Artikel 13.
In den öffentlichen Ämtern sind unterschiedslos alle Staatsbürger zugelassen. Als Staatsbürger gilt, wer sich nicht zu einer marxistischen Partei bekennt.

Artikel 14.
Die Unternehmer sind vor den ausbeuterischen Gelüsten der Jugend zu schützen. Näheres regelt das Arbeitspflicht-Gesetz.

Artikel 15.
Alle Deutschen haben das Recht, ihre Steuern pünktlich zu entrichten und sich zu diesem Zwecke, bewaffnet mit einer Brieftasche, ohne Anmeldung oder sonstige Erlaubnis, vor den Finanzämtern zu versammeln.

Abschnitt G. Religion.
Artikel 16.
Die Freidenkerorganisationen werden aufgehoben. Ihre Mitglieder werden den bestehenden Religionsgesellschaften eingegliedert.
Die Anstellung der Lehrer an den Volks- und höheren Schulen erfolgt von den Konsistorien und Episkopaten. Bei Anstellung des Turnlehrers hat der örtliche Ausschuss für bessere Olympia-Erfolge beratende Stimme.

Abschnitt H. Bildung und Schule.
Artikel 17.
Die Kunst, die Wissenschaft und ihre Lehre sind frei von Kulturbolschewismus. Kulturbolschewismus umfasst Nacktbaden, Jazzmusik, Psychoanalyse, Bauhäuser, Magazine (mit Ausnahme der Scherlschen* und der Pulvermagazine), die Relativitätstheorie sowie jede Art von Literatur, bei der es sich nicht um deutsches Schrifttum handelt.

Abschnitt I. Wirtschaftsleben.
Artikel 18.
Dem Eigentum wird gewährleistet, dass es sich nur erwerben kann, wer sich als Eigentümer bereits bewährt hat.

** August Scherl, Besitzer eines konservativen Presse-Großverlages*

Dieser „Verfassungsentwurf" erschien 1923 in der satirischen Zeitschrift „Der Wahre Jacob".

1. *Informiere dich im Geschichtsbuch über die Weimarer Verfassung und vergleiche damit Artikel 1–8 des „Entwurfs" über Legislative, Exekutive und Judikative. Worauf zielt der Autor mit seiner Satire ab?*
2. *Welche Kritikpunkte haben sich nach deiner Einschätzung als besonders weitsichtig erwiesen, wenn wir die Geschichte der Weimarer Republik überschauen? Begründe kurz schriftlich.*

Stützen der Gesellschaft?

Die Stützen der Gesellschaft, Gemälde von George Grosz, 1926.

1. *Interpretiert das Bild nach der euch bekannten Vorgehensweise (siehe Methodenglossar „Ein Bild zum Sprechen bringen"/„Historienbilder untersuchen"). Der Maler Grosz (1873–1959) selbst bezeichnete das 108x220cm große Bild als „modernes Historienbild". Erörtert, was er damit gemeint haben könnte.*
2. *Gestaltet in Gruppen eine Collage mit dem Titel „Stützen der Gesellschaft", in der ihr darstellt, welches eurer Meinung nach die Stützen der Gesellschaft heute sein sollten.*

Außenpolitik im Zeichen der Verständigung

Die Vorgeschichte

Der britische Botschafter in Berlin, Edgar Viscount d'Abernon, schildert in seinen Tagebuchaufzeichnungen die Vorgeschichte bis zum Zustandekommen des Vertrags:

21. 1. 1925. Wir scheinen in eine sehr interessante Phase der Verhandlungen einzutreten. Gestern hat mir der Staatssekretär im Namen des Kanzlers und des Außenministers ein sehr wichtiges Memorandum überreicht. Zum ersten Mal wird hier die Frage der Sicherheit auf eine sehr großzügige Weise angeschnitten. Kurz zusammengefasst: Die deutsche Regierung weist darauf hin, dass die Frage der Sicherheit immer eine beträchtliche Rolle in der Einstellung Frankreichs gegenüber Deutschland gespielt hat. Deutschland ist nun bereit, diesem Standpunkt Rechnung zu tragen und ein Abkommen allgemeiner Natur zu schließen, um den Frieden zwischen Deutschland und Frankreich sicherzustellen. [...]

18. 2. 1925. Man beginnt glücklicherweise in London die Bedeutung des deutschen Vorschlags zu erkennen. [...] Es unterliegt keinem Zweifel, dass, wenn auch England eine gewisse Garantie im Bezug auf die deutsch-französische Grenze übernehmen kann, eine ähnliche Verpflichtung zum Schutz des polnischen Korridors nicht in Frage kommt.

11. 7. 1925. Die Vorteile des Sicherheitspaktes werden den Hauptvertragspartner unmittelbar zugute kommen – Deutschland in der allernächsten Zeit, da es entwaffnet ist, Frankreich in ferner Zukunft, wenn es vielleicht nur vierzig Millionen Einwohner gegenüber einer Bevölkerungszahl von achtzig Millionen in Deutschland besitzen wird. [...] Der unmittelbare Vorteil für England ist weniger ersichtlich, aber der mittelbare Vorteil, zum Schiedsrichter zwischen Frankreich und Deutschland zu werden, gibt uns eine Stellung von gewaltigen Möglichkeiten. Es macht uns zu einem beherrschenden Faktor der europäischen Politik. [...] Der Pakt zieht Deutschland als einen mit Frankreich und England gleichberechtigten Partner zur Zusammenarbeit an der Erhaltung der westeuropäischen Zustände heran. Auf diese Weise vermindert sich beträchtlich die Gefahr, dass es in den Bannkreis des russischen Kommunismus gerät. [...]

16. 10. 1925. Der Locarno-Vertrag bringt Deutschland gewaltige Vorteile: Zuerst die Gleichstellung mit den anderen Großmächten, zweitens das Verschwinden der Kriegskonstellation und der Kriegspsychose und drittens den wirklichen Schutz gegen eine französische Invasion.

(Aus: G. Schönbrunn, Weltkriege und Revolutionen 1914–1945. In: Geschichte in Quellen Bd.V, München: bsv 1961, S. 205 ff.)

Die Verträge von Locarno

Im Oktober 1925 trafen sich die Außenminister Deutschlands, Frankreichs und anderer europäischer Staaten im schweizerischen Locarno und vereinbarten eine neue europäische Friedensordnung:

Artikel 1 Die Hohen Vertragsschließenden Teile garantieren, jeder für sich und insgesamt, in der in den folgenden Artikeln bestimmten Weise die Aufrechterhaltung des sich aus den Grenzen zwischen Deutschland und Belgien und zwischen Deutschland und Frankreich ergebenden territorialen Status quo, die Unverletzlichkeit der Grenzen, wie sie durch den in Versailles am 28. Juni 1919 unterzeichneten Friedensvertrag oder in dessen Ausführung festgesetzt sind. [...]

Artikel 2 Deutschland und Belgien und ebenso Deutschland und Frankreich verpflichten sich gegenseitig, in keinem Falle zu einem Angriff oder zu einem Einfall oder zum Krieg gegeneinander zu schreiten. [...]

Artikel 4.1. Ist einer der Hohen Vertragsschließenden Teile der Ansicht, dass eine Verletzung des Artikels 2 des gegenwärtigen Vetrags [...] begangen worden ist oder begangen wird, so wird er die Frage sofort vor den Völkerbundsrat bringen.

2. Sobald der Völkerbundsrat festgestellt hat, dass eine solche Verletzung oder ein solcher Verstoß begangen worden ist, zeigt er dies unverzüglich den Signatarmächten [unterzeichnenden Mächten] an, und jede von ihnen verpflichtet sich, in solchem Falle der Macht, gegen die sich die beanstandete Handlung richtet, sofort ihren Beistand zu gewähren. [...]

Artikel 7 Der gegenwärtige Vertrag, der der Sicherung des Friedens dienen soll und der Völkerbundsatzung entspricht, kann nicht so ausgelegt werden, als beschränke er die Aufgaben des Völkerbundes, die zur wirksamen Wahrung des Weltfriedens geeigneten Maßnahmen zu ergreifen.

(Aus: H. Michaelis/E: Schraepler (Hg.), Ursachen und Folgen. Vom deutschen Zusammenbruch 1918 und 1945 bis zur staatlichen Neugründung

Die innenpolitische Auseinandersetzung um den Vertrag von Locarno

Der Abgeordnete Otto Wels (SPD) vor dem Reichstag, 24. 11. 1925:

Wie man auch zu den Verträgen von Locarno und zu dem Eintritt Deutschlands in den Völkerbund stehen mag, das fühlt ein jeder: Wir stehen jetzt am Scheidepunkt der europäischen Politik. Es fragt sich jetzt, ob eine neue Welt, in der der Gedanke des Friedens lebendige Kraft haben soll, das Leben der Völker Europas in Zukunft beherrschen wird, oder ob die Mächte, die auf Gewalt und kriegerischen Auseinandersetzungen fußend, dem Fortschritt, dem moralischen und materiellen Wiederaufbau den Weg dauernd versperren sollen. [...] Es handelt sich gerade darum, das Bündnissystem der Vorkriegszeit und damit den Gegensatz, der zwischen Alliierten und Deutschland bestand, aus der Welt zu schaffen. Deutschland soll in Zukunft gleichberechtigt neben jenen Mächten stehen, nicht um mit ihnen gegen Russland zu marschieren, sondern um den Völkerbund aufzubauen, der schließlich auch Russland umfassen wird.

(Aus: Verhandlungen des Reichstags. Stenografische Berichte Bd. 388, Berlin 1926, S. 4485 ff.)

Der Abgeordnete Graf Westarp (DNVP) vor dem Reichstag, 24. 11. 1925:

Die Grundgedanken unseres Widerspruchs gegen das Werk von Locarno sind vier. Der erste: Jeder Verzicht auf deutsches Land, jede erneute freiwillige Anerkenntnis des Versailler Diktats sollte durch die Fassung und die zeitliche Begrenzung

– der Vertrag von Locarno

der abzuschließenden Verträge ausgeschlossen sein. […] Der zweite der Grundgedanken, um die es sich handelt, ist, dass Deutschland als Land der Mitte Europas sich seine Handlungsfreiheit und die Möglichkeit seiner Neutralität wahren muss. […] Wenn jetzt England das Werk von Locarno so besonders beflissen betrieben hat, so will es nach unserer Überzeugung Deutschland in den Kreis der Westmächte hineinzwingen. [… N]ach Osten weist uns politisches Interesse, nach Osten weist uns bei der gegenwärtigen Lage des Weltmarkts auch das wirtschaftliche Interesse. Wir müssen uns die Handlungsfreiheit nach Osten freihalten, freihalten auch im Hinblick auf die östlichen Grenzen Deutschlands, die ja nach allgemeiner Anerkennung so unmöglich gezogen sind, dass sie auf Dauer nicht von Bestand sein können. […] Der dritte Hauptsatz, auf den wir Wert legen, heißt: Nur auf dem Boden voller, auch praktisch wirksamer Gleichberechtigung könnte das Werk von Locarno für Deutschland möglich und annehmbar sein. Noch lastet auf Deutschland die Schmach der Schuldlüge. […] Praktische Gleichberechtigung hat Deutschland aber nicht, solange es einseitig dem Zwange zur Wehrlosigkeit unterworfen ist.

(Aus: Verhandlungen des Reichstags. Stenografische Berichte Bd. 388, Berlin 1926, S. 4494 ff.)

Der Abgeordnete Wolfgang Bartels (KPD) im Preußischen Landtag, 30. 10. 1925:

Was ist Locarno? Wenn man die einzelnen Verträge und ihre Paragraphen durchgeht, so sehen wir, dass Deutschland hinreichend Garantie gibt, aber dafür lediglich die Garantie erhält, dass es Kriegsbütteldienste leisten darf und andererseits Deutschland als Kriegsschauplatz ausliefern muss. Locarno bedeutet in Wirklichkeit […] die Auslieferung der Rheinlande, es bedeutet ein Verschenken preußisch-deutschen Gebietes, es bedeutet die Garantie des Einmarsch- und Durchmarschrechtes durch Deutschland, es bedeutet die Kriegsdienstverpflichtung der deutschen Bevölkerung für die Entente gegen Russland, es bedeutet vor allem die Anerkennung der Aufrechterhaltung des Besatzungsregimes, und es bedeutet erneut das Bekenntnis zu dem Versailler Vertrag. Es bedeutet darüber hinaus verschärfte Ausbeutung, verschärfte Entrechtung, Unterdrückung, Elend, Übel, Not.

(Aus: H. Michaelis/E: Schraepler (Hg.), Ursachen und Folgen. Vom deutschen Zusammenbruch 1918 und 1945 bis zur staatlichen Neugründung Deutschlands in der Gegenwart Bd. 6, Berlin: Dokumentenverlag Wendler o. J., S. 396)

Der Abgeordnete Gregor Strasser (NSDAP) vor dem Reichstag, 24. 11. 1925:

Wir Nationalsozialisten, wir Frontsoldaten und wir Frontoffiziere […] verzichten nie und nimmer auf Elsass-Lothringen. Wir verzichten nie auf Eupen und Malmedy, auf die Saar und unsere Kolonien. Wir verzichten auf Nordschleswig so wenig wie auf Memel und Danzig, wie auf Westpreußen und Oberschlesien. Wir jungen Deutschen kennen unsere großdeutsche Aufgabe, und wir speisen die Brüder in Österreich und in Sudeten-Deutschland nicht mit leeren Worten ab. […] Unser Staat, der […] ein in sich geschlossener geworden ist, wird einst die Verträge von Versailles, London und Locarno wie Papierfetzen zerreißen können, weil er sich stützt auf das, was sie bewusst im deutschen Volke zerschlagen, wofür kein Opfer gebracht werden darf, nämlich auf die Bildung eines in sich geschlossenen Volkes.

(Aus: Verhandlungen des Reichstags. Stenografische Berichte Bd. 388, Berlin 1926, S. 4556 ff.)

Die Abschlusskonferenz in Locarno, Oktober 1925.

1. *Welche Folgen bringt der Vertrag von Locarno nach Meinung des britischen Botschafters den westlichen Mächten, welche Deutschland, welche Russland und Polen?*
2. *Fasse in einer Tabelle zusammen, mit welcher Begründung die jeweiligen Redner den Vertrag befürworten bzw. ablehnen. Überlege, welche Auswirkungen die Diskussion um den Vertrag von Locarno auf die deutsche Gesellschaft hatte.*
3. *Verfasse eine kurze Zeitungsnotiz, in der du in gut verständlichen Worten die wesentlichen Inhalte des Vertrags von Locarno wiedergibst. Welche Bedeutung hat der Vertrag für Deutschland und Frankreich? Welche Rolle spielt dabei der Völkerbund? Vergleiche deine Antwort mit der Einschätzung durch den britischen Botschafter (Aufgabe 1).*

Frauenleben in der Weimarer Republik

Die aktuelle Mode des Jahres 1924.

Industriearbeiterinnen im Turbinenwerk der Siemens-Schuckert-Werke.

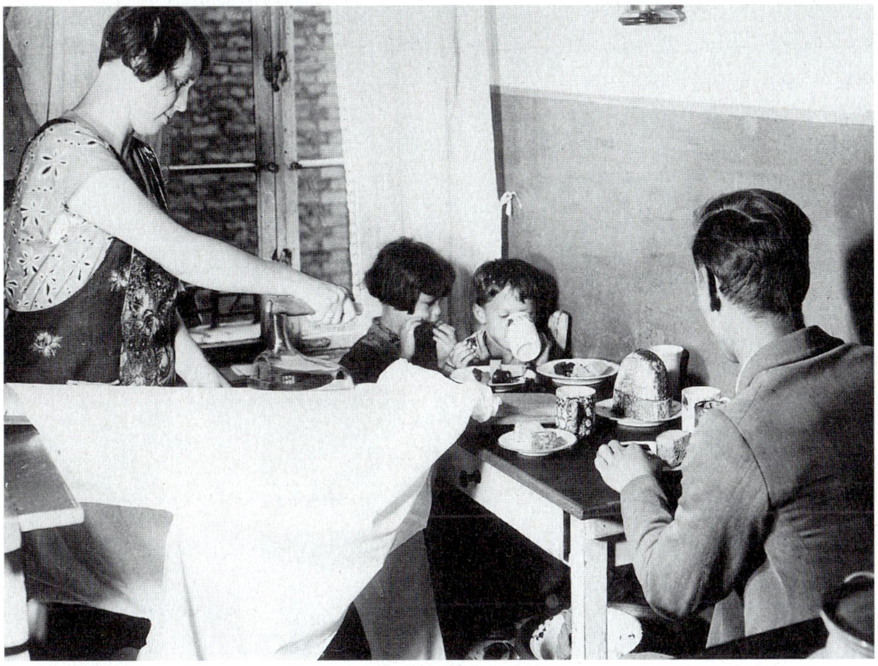

In der Wohnküche einer Familie. Foto, Ende der Zwanzigerjahre.

Angestellte im Berliner Haupttelegrafenamt.

1. *Informiere dich über die Situation von Frauen in der Weimarer Republik. Literaturtipps dazu: Illustrierte Alltags- und Sozialgeschichte. Münster: Verlag Westfälisches Dampfboot 1995 oder www.bpb.de/*
2. *Verfasse ein Gespräch, das die abgebildeten Frauen über ihre Lebenssituation führen (Familie, Beruf, Hoffungen, Sorgen, politische Einstellung).*

Die Weimarer Republik – Daten und Zitate

1. Ordne die nachfolgenden Begriffe in die Zeittafel ein:
Ruhrkampf – Reichspräsident Paul von Hindenburg – Ausrufung der Republik – Vertrag von Locarno – Beginn der Weltwirtschaftskrise – Zeit der Präsidialkabinette – Deutschlands Beitritt zum Völkerbund – „Machtergreifung" der Nationalsozialisten – Hitler-Ludendorff-Putsch in München

Zeittafel zur Weimarer Republik

9. 11. 1918 ______________________

1919 ______________________

1923 ______________________

1923 ______________________

1925 ______________________

1925–1934 ______________________

1926 ______________________

1929 ______________________

1930–1933 ______________________

30. 1. 1933 ______________________

Titelbild des „Simplicissimus"

2. Ordne die Zitate ihren Autoren zu!
J. Goebbels (1928) – H. Brüning (1930) – F.von Papen (1933) – Ph. Scheidemann (1918) – F. Ebert (1919)

A „Wir gehen in den Reichstag hinein, um uns im Waffenarsenal der Demokratie mit deren eigenen Waffen zu versorgen." „Wir kommen als Feinde! Wie der Wolf in die Schafherde einbricht, so kommen wir."

____

B „Arbeiter und Soldaten! Das deutsche Volk hat auf der ganzen Linie gesiegt- Das Alte, Morsche ist zusammengebrochen; der Militarismus ist erledigt!" „Es lebe die deutsche Republik!"

____

C „Freiheit und Recht sind Zwillingsschwestern." „Jede Gewaltherrschaft, von wem sie auch komme, werden wir bekämpfen bis zum Äußersten."

____

D „Das Kabinett ist gebildet mit dem Zweck, die nach allgemeiner Auffassung für das Reich lebensnotwendigen Aufgaben in kürzester Frist zu lösen. Es wird der letzte Versuch sein, die Lösung mit diesem Reichstage durchzuführen."

____

E „In zwei Monaten haben wir Hitler in die Ecke gedrückt, dass er quietscht …"

____

„Das habe ich nicht gewollt", sagt Gutenberg beim Anblick der Milliardenpresse; Karikatur aus dem „Simplizissimus"

3. Ordne den beiden Karikaturen historische Ereignisse der Weimarer Republik zu.

Arbeit mit Statistiken – das Ende der Weimarer Republik

Wirtschaftsdaten 1928–1934 in Deutschland.

Jahr	Index der Industrieproduktion	Exporte (in Mio. Mark)	Importe (in Mio. Mark	Index des gesamten Sozialprodukts	Wohnungsbau (neugebaute Wohnungen in 100 000)	Bruttoverdienst der Arbeiter (Reallöhne pro Woche)	Preisindex für Lebenshaltung	Streiks (pro 1000 verlorene Arbeitstage)	Arbeitslosigkeit in Mio.	Arbeitslosigkeit in %
1928	100	12	13,9	100	3,3	100	100	8,5	1,3	6,3
1929	100	13,5	13,6	95	3,38	102	102	1,8	1,8	6,5
1930	87	12	10,3	91	3,3	97	95	3,6	3	14
1931	70	9,6	6,7	80	2,51	94	86	1,5	4,5	21,9
1932	58	5,7	4,6	76	1,59	86	76	1,1	5,6	29,9
1933	66	4,8	4,1	86	2,02	91	74	0,07	4,8	25,9
1934	83	4,1	4,4	93	3,19	95	77	0	2,7	13,5

(Aus: Dietmar Petzina: Sozialgeschichtliches Arbeitsbuch, Bd III, München: C. H. Beck

Arbeitslosigkeit in Deutschland 1928 bis 1936.

Jahr	Januar (in Mio)	Juli (in Mio.)
1928	1862	1012
1929	2850	1251
1930	3218	2765
1931	4887	3990
1932	6042	5392
1933	6014	4464
1934	3773	2426
1935	2974	1754
1936	2520	1170

Konkurse in Deutschland 1927 bis 1936.

Jahr	In Tausend
1927	9,3
1928	13,7
1929	18,2
1930	22,7
1931	27,9
1932	20,3
1933	9,5
1934	7,0
1935	6,8
1936	5,9

1. *Setze die Tabelle zu den Wirtschaftsdaten mit einem Tabellenkalkulationsprogramm in ein Kurvendiagramm um. – Beschreibe kurz die Entwicklung der einzelnen Bereiche und erkläre die Wechselwirkungen untereinander.*
2. *Verfasse für die Fernsehsendung „Abenteuer Geschichte – Die Weimarer Republik" einen Beitrag über die Arbeitslosigkeit und die Konkurse in den Jahren 1929 bis 1934. Präsentiere das Zahlenmaterial in dir geeignet erscheinenden Diagrammen. Begründe anschließend den Zusammenhang von Arbeitslosigkeit und Konkursen.*

Wahlplakat der NSDAP vom November 1933
Die Reichstagswahl vom November 1933 war die erste Wahl mit einer Einheitsliste, alle anderen Parteien hatten sich bereits selbst aufgelöst oder waren verboten.
Die Reichstagswahl war zugleich eine Volksabstimmung, in der die Deutschen den Austritt aus dem Völkerbund billigen sollten.

Robert Ley, Leiter der „Deutschen Arbeitsfront" schrieb 1938:

In Deutschland gibt es keine Privatsache mehr! Wenn du schläfst, ist es deine Privatsache, sobald du aber wach bist und mit einem anderen Menschen in Berührung kommst, musst du eingedenk sein, dass du ein Soldat Adolf Hitlers bist und nach einem Reglement zu leben hast und zu exerzieren... Privatleute haben wir nicht mehr. Die Zeit, wo jeder tun und lassen konnte, was er wollte, ist vorbei.

(Aus: Robert Ley, Soldaten der Arbeit, München: Eher 1938, S. 31)

Die nationalsozialistische Zeitschrift „Der Stürmer" berichtet:

Ein wichtiges Gerichtsurteil

Ein Amtswalter der Partei hatte gegen seine Gattin ein Ehescheidungsverfahren eingeleitet, weil es zwischen ihm und seiner Ehefrau dadurch zu Auseinandersetzungen gekommen sei, dass seine Ehefrau trotz ausdrücklichen Verbotes immer noch in jüdischen Geschäften einkaufe, das Landgericht schied die Ehe aus alleinigem Verschulden der Ehefrau. In der Urteilsbegründung heißt es u. a.: „Wenn die Ehefrau eines Nationalsozialisten und erst recht eines nationalsozialistischen Amtswalters trotz Verbot ihres Mannes in Kaufhäusern und jüdischen Geschäften einkauft, so ist es dem Mann nicht zu verargen, dass seine eheliche Gesinnung erkaltet."

(Aus: Der Stürmer Nr. 38, September 1938)

„Das Dritte Reich", Holzschnitt von Gerd Arntz, 1934.

Das Landesarbeitsamt Karlsruhe fällte im Juli 1934 folgende grundsätzliche Entscheidung:
Durch Entfernung vor Beginn des Singens des Deutschland- und des Horst-Wessel-Liedes aus den Geschäftsräumen und durch die Nichtteilnahme an gemeinschaftlichen Aufmärschen, Feiern und sonstigen Veranstaltungen der Belegschaft stellt sich ein Arbeitnehmer bewusst außerhalb der Volksgemeinschaft und zeigt hierdurch seine staatsfeindliche Einstellung. Dadurch wird die fristlose Entlassung gerechtfertigt.

Die Nationalsozialisten behaupteten schon nach wenigen Wochen, sie hätten „ein Reich der Ordnung und Sauberkeit" aufgebaut. Auch heute reden noch manche davon, im „Dritten Reich" hätten Ruhe, Ordnung und Sauberkeit geherrscht. Setze dich mit dieser Behauptung auseinander, indem du folgende Fragen beantwortest:

1. *Welche „Leistungen" führen die Nationalsozialisten auf dem Plakat an, mit denen sie den Aufbau eines Reiches der „Ordnung und Sauberkeit" belegen wollen.*
2. *Gerd Arntz stellt die deutschen Verhältnisse in einer Pyramide dar. Beschreibe die einzelnen Stufen der Pyramide und konfrontiere die Ergebnisse mit den Aussagen des Wahlplakats. Überlege, warum Arntz die Pyramide etwas schief gestaltet hat.*
3. *Fasse zusammen, was die Nationalsozialisten unter einem „Reich der Ordnung und Sauberkeit" verstanden haben und erarbeite aus den Textquellen, welche Folgen dies für viele Deutsche hatte.*
4. *Formuliere zusammenfassend Antworten auf die Behauptung, das „Dritte Reich" sei „ein Reich der Ordnung und Sauberkeit" gewesen.*

„Volksgemeinschaft“ und

Das Schlagwort „Volksgemeinschaft“ war einer der wirkungsvollsten Begriffe der nationalsozialistischen Propaganda. Mit der Parole „Gemeinnutz geht vor Eigennutz“ sollte erreicht werden, dass alle „arischen“ Deutschen ungeachtet aller Unterschiede des Geschlechts und der Klasse, der Konfession, des Berufs und des Einkommens als Deutsche denken und handeln und vor allem alle Eigeninteressen zurückstellen sollten. Dies bedeutete aber auch, „missliebige“ Personen oder Personengruppen als „Volksschädlinge“ auszugrenzen und zu verfolgen (z. B. Juden, Sinti und Roma, Zeugen Jehovas, Homosexuelle, Erbkranke).

A. Familie und „Volksgemeinschaft“, Plakat der NSDAP.

B. „Soldaten der Faust und der Stirn“ ,Plakat der Arbeitsfront.

C. Erbkranke fallen dem Volk zur Last (Anschauungsmaterial für den Schulunterricht).

„Volksschädlinge“

E. Eine ehemalige Nationalsozialistin erinnert sich an ihre Einstellung zur „Volksgemeinschaft“:

Keine Parole hat mich je so fasziniert wie die von der Volksgemeinschaft. Ich habe sie zum ersten Mal aus dem Mund (einer) verkrüppelten und verhärmten Schneiderin gehört, und am Abend des 30. Januar bekam sie einen magischen Glanz. Die Art dieser ersten Begegnung bestimmte ihren Inhalt: Ich empfand, dass sie nur im Kampf gegen die Standesvorurteile der Schicht verwirklicht werden konnte, aus der ich kam, und dass sie vor allem den Schwachen Schutz und Recht gewähren musste. Was mich an dieses phantastische Wunschbild band, war die Hoffnung, es könnte ein Zustand herbeigeführt werden, in dem die Menschen aller Schichten miteinander leben würden wie Geschwister.

Am Abend des 30. Januar nahmen meine Eltern uns Kinder – meinen Zwillingsbruder und mich – mit in das Stadtzentrum. Dort erlebten wir den Fackelzug, mit dem die Nationalsozialisten ihren Sieg feierten (…) Stundenlang marschierten die Kolonnen vorüber, unter ihnen immer wieder Gruppen von Jungen und

Mädchen, die kaum älter waren als wir. In ihren Gesichtern und in ihrer Haltung lag ein Ernst, der mich beschämte. Was war ich, die ich nur am Straßenrand stehen und zusehen durfte, mit diesem Kältegefühl im Rücken, das von der Reserviertheit der Eltern ausgestrahlt wurde? Kaum mehr als ein zufälliger Zeuge, ein Kind, das noch Jungmädchenbücher zu Weihnachten geschenkt bekam. Und ich brannte doch darauf, mich in diesen Strom zu werfen, in ihm unterzugehen und mitgetragen zu werden (…)

Ich glaubte den Versprechungen der Nationalsozialisten, dass sie die Arbeitslosigkeit und damit die Not von sechs Millionen Menschen beseitigen werde. Ich glaubte ihnen, dass sie das Volk aus der Zersplitterung von mehr als vierzig politischen Parteien zu einer Einheit zusammenführen und dass sie die Folgen des Versailler Vertrages überwinden würden. Wenn mein Glaube sich im Januar nur auf eine Hoffnung stützen konnte, so schien er bald genug auf Tatsachen hinweisen zu können.

(Aus: Melitta Maschmann, Fazit, München: DTV 1979, S. 8ff.)

F. Nationalsozialistische Juristen arbeiteten ein „Gesetz über die Behandlung Gemeinschaftsfremder“ aus. In dem Entwurf heißt es:

§ 1 Gemeinschaftsfremd ist:

Wer sich nach Persönlichkeit und Lebensführung, insbesondere wegen außergewöhnlicher Mängel des Verstandes und des Charakters außerstande zeigt, aus eigener Kraft den Mindestanforderungen der Volksgemeinschaft zu genügen.

2. Wer aus Arbeitsscheu oder Liederlichkeit ein nichtsnutziges, unwirtschaftliches oder ungeordnetes Leben führt und dadurch andere oder die Allgemeinheit belastet oder gefährdet oder einen Hang oder eine Neigung zum Betteln oder Landstreichen, zu Arbeitsbummelei oder Diebereien, Betrügereien oder anderen nicht ernsthaften Straftaten oder zu Ausschreitungen in der Trunkenheit betätigt oder aus solchen Gründen Unterhaltspflichten gröblich verletzt oder

b) aus Unverträglichkeit oder Streitlust den Frieden der Allgemeinheit hartnäckig stört, oder

3. Wer nach seiner Persönlichkeit und Lebensführung erkennen lässt, dass seine Sinnesart auf die Begehung von ernsten Straftaten gerichtet ist (gemeinschaftsfeindlicher Verbrecher und Neigungsverbrecher) …

(Zit. nach: Detlev Peukert, Arbeitslager und Jugend-KZ: die „Behandlung Gemeinschaftsfremder“ im Dritten Reich, in: D. Peukert/J. Reulecke (Hg.): Die Reihen fast geschlossen, Wuppertal: Hammer 1981, S. 416f.)

D. „Der Jude ist kein Bürger…“, undatiertes Foto.

1. *Beschreibe die Abbildung A. Dabei können dir folgende Fragen helfen: Welche Rollenverteilung kannst du bei den Personen erkennen? Was soll der Hintergrund des Bildes ausdrücken? Welche Bedeutung kommt der Familie im Zusammenhang mit der „Volksgemeinschaft“ zu?*
2. *Beschreibe die Abbildung B. Auch hier können dir folgende Fragen helfen: Welchen Zusammenhang zwischen den im Vordergrund und im Hintergrund dargestellten Personen versucht das Plakat herzustellen? Beachte dabei auch den Text des Plakats. Inwiefern will auch dieses Bild an die „Volksgemeinschaft“ appellieren?*
3. *Was faszinierte die Autorin von Text E an der Idee der „Volksgemeinschaft“?*
4. *Erläutere, welche Gründe für den Ausschluss bestimmter Bevölkerungsgruppen und Minderheiten von der „Volksgemeinschaft“ durch die nationalsozialistische Propaganda in der Abbildung D ausgedrückt werden sollen. Welche Wirkung bei der Mehrheit der deutschen Bevölkerung soll damit erreicht werden?*
5. *Das Gesetz (Textquelle F) trat wegen des Krieges nicht mehr in Kraft. Es zeigt aber, wie Nationalsozialisten über Minderheiten dachten. Stelle eine Liste von Personengruppen zusammen, die nach dem Gesetzentwurf zu „Gemeinschaftsfremden“ hätten erklärt werden können. Welche Deutschen wären dann nur noch Mitglieder der „Volksgemeinschaft“ gewesen?*

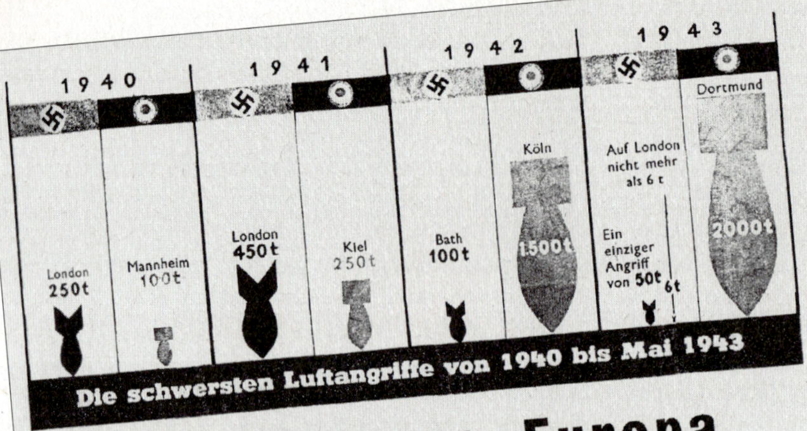

Die Festung Europa hat kein Dach

Im April 1943 war die R.A.F. mehr als 10 Millionen Kilogramm Bomben auf deutsche Industrieziele. Im Mai 1943 wurden über 12 Millionen Kilogramm Bomben abgeworfen.
In einer einzigen Woche im Mai fielen 7500000 Kilogramm Bomben allein auf das Ruhrgebiet.
Bis 1. Juni 1943 haben englische Flugzeuge über 100 Millionen Kilogramm Bomben auf Deutschland abgeworfen.

Die Royal Air Force ist heute stärker als die deutsche und italienische Luftwaffe zusammen.

In Amerika wurden allein im April 1943 7000 Flugzeuge fertiggestellt.
Die amerikanische Flugzeugindustrie hat am 31. Mai das 100000 Flugzeug für diesen Krieg geliefert.

Amerika produziert heute mehr Flugzeuge als Deutschland, Italien und Japan zusammen.

Das sind die Tatsachen. Was folgt daraus? Man könnte sagen: Was die Engländer ausgehalten haben, können die Deutschen auch aushalten.
Aber der Vergleich hinkt. Die englisch-amerikanische Luftoffensive gegen Deutschland ist bereits jetzt weit schwerer als die deutsche Luftoffensive gegen England je war. In ihrem schwersten Angriff auf eine englische Stadt (London, 10. Mai 1941) warf die Luftwaffe 450000 Kilogramm Bomben in einer Nacht.
In ihrem bisher schwersten Angriff auf eine deutsche Stadt (Dortmund, 23. Mai 1943) warf die R.A.F. 2000000 Kilogramm Bomben in einer Nacht. Mehr als viermal soviel – und das ist erst der Anfang.

Die Engländer konnten standhalten, weil sie wussten: Wenn sie standhalten, musste es besser werden. Sie hatten kaum angefangen zu rüsten. Sie kamen erst in Gang. Sie wussten, dass ihre eigene Luftmacht und Luftverteidigung von Tag zu Tag wuchcs.
Sie sahen amerikanisches Kriegsmaterial in Massen ankommen und sie konnten hoffen, dass amerika eines Tages als Verbündeter an ihrer Seite stehen würde.
Was haben heute die Deutschen zu hoffen, wenn sie sich standhaft weiter bomben lassen?
Neue Verbündete gibt es nicht mehr. Deutschlands eigene Kampfkraft lässt nach. Die englisch-amerikanische wächst von Tag zu Tag. Deutschlands Fabriken werden bombardiert. Seine Produktion ist um 20% gesunken. Amerikas Produktion ist „bombensicher".
Deutschlands geschwächte Luftwaffe muss an drei Fronten kämpfen. Überall ist sie in der Defensive. Die R.A.F. und die amerikanische Heeresfliegerei haben, trotz Atlantik-Wall, eine Front im Herzen Deutschlands geschaffen. Die „Festung Europa" hat kein Dach.
Daran ist nichts mehr zu ändern. Die deutschen Arbeiter und Ingenieure, die in den Fabriken aushalten, können den Gang des Krieges nicht mehr wenden. Sie können den Krieg nur verlängern. Das heisst: Sie können dafür sorgen, dass noch mehr Bomben auf Deutschland fallen.
Es werden immer mehr werden von Monat zu Monat.
Wie lange soll das noch so weiter gehen?

Willst du die Wahrheit wissen, Kamerad, frage den „Skorpion"!

Nr. 1

Wie steht der Krieg?

Wir stehen in einem sehr schweren Abwehrkampf gegen die Engländer und die Amerikaner. Der Feind hat heute noch die absolute Luftüberlegenheit. Er hat mehr Panzer und Artillerie als wir. Wir haben nicht verhindern können, daß er in Südfrankreich gelandet ist. Wir haben ebenso nicht verhindern können, daß er in Italien bis Florenz und im Osten bis nach Polen gekommen ist. Diese Dinge sehen für den kämpfenden deutschen Soldaten, der weiter nichts weiß und nichts hört, schlecht aus. Wir sind heute so weit, daß wir das nicht zu verheimlichen brauchen.
Die Wahrheit hat ein ganz anderes Gesicht!
Wir müssen die Entwicklung der letzten Jahre, die sich heute klar abzeichnet, einmal nüchtern untersuchen, um daraus die Zwangsläufigkeit der Ereignisse erkennen zu können.
Nach dem Eintritt Amerikas in den Krieg war sich die deutsche Führung darüber im Klaren, daß es eine reine Zeitfrage war, bis die amerikanische Industrie mit ihren fast unerschöpflichen Materialreserven den deutschen Rüstungsvorsprung eingeholt und schließlich überholt haben würde. Gerade, was das Gebiet der Flugzeug-Produktion betrifft, war auf die Dauer gar nicht daran zu denken, daß wir der amerikanischen Serien-Produktion das Gleichgewicht würden halten können. Die einzig mögliche Schlußfolgerung bestand also für die deutsche Rüstungsindustrie darin, eine totale Umstellung vorzunehmen und vollkommen neuartige Waffen zu konstruieren, deren Wirkung die Masse der feindlichen Waffen ausgleichen konnte. Solche Umstellungen brauchen naturgemäß ihre Zeit, und wenn es so einfach wäre, wie es sich anhört, hätte der Feind vermutlich seinerseits dasselbe getan.
Was nun in der Zwischenzeit geschehen ist, kann nur – wie Spezialisten aus dem gegnerischen Lager immer wieder betonen, – als eine Revolution größten Stils in der Kriegsgeschichte bezeichnet werden.
Wir sind nur noch nicht ganz so weit!
Es liegt in der Natur der Sache und jeder Soldat weiß das – wie schwer auch seine moaralische Belastung sein mag, – daß man über diese Dinge nicht eher Ganaues aussagen darf, bis der tatsächliche Masseneinsatz erfolgen kann. So sicher, wie entgegen allem Zweifel, an den sich jeder erinnern wird, eines Tages die V 1-Waffe gekommen und seither pausenlos eingesetzt ist, so sicher werden auch die Waffen kommen, für deren Entwicklung und Produktion wir über 2 Jahre härteste Defensive auf uns genommen haben. Wir werden jetzt in der allernächsten Zeit erleben, warum das so sein mußte.

Im Zweiten Weltkrieg wurden von den Krieg führenden Mächten ca. 16 Milliarden Flugblätter aus Flugzeugen abgeworfen. Hier sind zwei Beispiele wiedergegeben.

1. *Datiere die Flugblätter und begründe deine Festlegung.*
2. *Nenne die Ziele, die die Verfasser mit dem Abwurf verfolgten.*
3. *Inwieweit sind diese Ziele erreicht worden?*

Werner Finck: Das Fragment vom Schneider

Der Kabarettist und Schauspieler Werner Finck (1902–1978), Gründer und von 1929–1935 Leiter des Berliner Kabaretts „Katakombe", schrieb 1972 über seine künstlerische Tätigkeit im Februar/März 1933:

„Für die ‚Katakombe' war die Zeit der raffinierten Andeutungen gekommen. Man brauchte nur mit einem kleinen Hämmerchen ein kleines Glöckchen zu schlagen, schon übertrug sich das wie das Läuten einer Sturmglocke. ... Die Angst im Publikum trug die Stimmung des Abends – und mir eine Verwarnung nach der anderen ein. Die Spitzel wussten immer genau, was sie mitzuschreiben hatten. Sie waren sehr hellhörig und begriffen schnell. Immer, wenn besonders schallend gelacht oder stürmisch applaudiert wurde, wussten sie sofort: ‚Aha, da war was!' Einmal fragte ich einen, der so unauffällig wie möglich mitschrieb: ‚Spreche ich zu schnell? Kommen Sie mit? – Oder – muss ich mitkommen?' ... Typisch für unsere Balanceakte auf dem dünnen Drahtseil des Wortspiels, das von keinem Netz abgesichert war, sind auch solche kleinen Sketche ... gewesen."

Das Fragment vom Schneider

Ein Kunde kommt zum Schneider.

Schneider:	Womit kann ich dienen?
Kunde *(beiseite)*:	Spricht der auch schon vom Dienen! *(laut)* Ich möchte einen Anzug haben ... *(vielsagende Pause, dann nachdenklich)* Weil mir etwas im Anzug zu sein scheint.
Schneider:	Schön.
Kunde:	Ob das schön ist – na, ich weiß nicht.
Schneider *(ein wenig ungeduldig)*:	Was soll's denn nun sein? Ich habe neuerdings eine ganze Menge auf Lager.
Kunde:	Auf's Lager wird ja alles hinauslaufen.
Schneider:	Soll's was Einheitliches oder was Gemustertes sein?
Kunde:	Einheitliches hat man schon genug. Aber auf keinen Fall Musterung!
Schneider:	Vielleicht etwas mit Streifen?
Kunde:	Die Streifen kommen von alleine, wenn die Musterung vorbei ist. *(resigniert)* An den Hosen wird sich ein Streifen nicht vermeiden lassen ...
Schneider:	Fangen wir erst einmal mit der Jacke an. Wie wäre es denn mit Winkeln und Aufschlägen?
Kunde:	Ach, Sie meinen eine Zwangsjacke.
Schneider:	Wie man's nimmt. Einreihig oder zweireihig?
Kunde:	Das ist mir gleich. Nur nicht diesreihig! *(Das klang wie „Dies Reich")*
Schneider:	Wie wünschen Sie die Revers?
Kunde:	Recht breit, damit ein bisschen was draufgeht. Vielleicht gehen wir alle mal drauf. Der Kronprinz hat ja gesagt: Immer feste druff!!
Schneider:	Darf ich vielleicht einmal Maß nehmen?
Kunde:	Doch, doch, das sind wir gewöhnt. *(Kunde nimmt Haltung an, der Schneider stellt sich mit dem Zentimetermaß neben ihn. Er nimmt Maß, während der Kunde die Hände stramm an die Hosennaht legt.)*
Schneider *(auf das Maßband schauend)*:	14/18 – Ach, bitte stehen Sie doch einmal gerade.
Kunde:	Für wen?
Schneider:	Und jetzt bitte den rechten Arm hoch – mit geschlossener Faust ... 18/19. Und jetzt mit ausgestreckter Hand ... 33 ... Ja, warum nehmen Sie denn den Arm nicht herunter? Was soll denn das heißen?
Kunde:	Aufgehobene Rechte ...

1. „Das Fragment vom Schneider" – ein harmloser Text? Unterstreiche diejenigen Textstellen, die sich deiner Meinung nach gegenüber dem nationalsozialistischen Staat kritisch äußern!
2. Was hatten die Nationalsozialisten an derartigen Texten auszusetzen und wie werden sie darauf reagiert haben?
3. Spielt die Szene nach.

Männer und Frauen im Widerstand –

Lexika informieren in knapper Form über Personen und Sachverhalte und sind daher ein wichtiges Hilfsmittel, sich Kenntnisse über das Geschichtsbuch hinaus zu verschaffen. Durch Verweise auf andere Artikel (hier mit ↑-Zeichen) informieren sie über weitere personelle oder sachliche Zusammenhänge. Ein Beispiel ist das 1994 im Beck-Verlag München erschienene „Lexikon des Widerstands 1933–1945"; hrsg. von Peter Steinbach und Johannes Tuchel.

1. *Lies zunächst das Kapitel „Nicht alle Deutschen machten mit" in deinem Buch und anschließend diese Artikel über weniger bekannte Männer und Frauen aus dem Widerstand.*
2. *Unterstreiche in den Lexikonartikeln Stellen, die Auskunft darüber geben, welchen Gruppen die Personen zuzuordnen sind? Unterscheide: Motivation aus*
   a. christlicher –
   b. sozialistischer (SPD-KPD) – und
   c. aus eher konservativer Grundhaltung. Lässt sich eine präzise Abgrenzung treffen?
3. *Stelle eine Liste der Widerstandshandlungen zusammen. Siehst du Unterschiede bei Männern und Frauen?*
4. *Wodurch unterscheidet sich Robert Havemann von den übrigen Mitgliedern des Widerstands?*

(Der Gebrauch von Abkürzungen erschwert manchmal das Verständnis von Lexikontexten. Hier RKG = Reichskriegsgericht; VGH = Volksgerichtshof; KJVD = Kommunistischer Jugendverband Deutschlands)

Baum, Herbert (10. 2. 1912 bis 11. 6. 1942).
B., als Sohn eines Buchhalters in Berlin aufgewachsen, engagierte sich bereits als 13-jähriger Realschüler in der Kinderorganisation der SPD, den Roten Falken. 1927 wurde er Mitglied der Deutsch-Jüdischen Jugendgemeinschaft (DJJG). Vier Jahre später trat er dem KJVD bei, ohne dass seine persönliche Bindung zum DJJG abriss. In der DJJG lernte er seine spätere Ehefrau Marianne Cohn kennen. Engen Kontakt hielt B. auch zum nicht-zionistischen Bund Deutsch-Jüdischer Jugend, dem er aber selbst nie angehörte. Wegen seiner jüdischen Herkunft musste der Elektriker B. seine Abendkurse zur Vorbereitung einer Ingenieursausbildung 1935 aufgeben. In dieser Zeit war er Organisationsleiter des KJVD-Unterbezirks Berlin Süd-Ost. Der begabte Jugendleiter B. sammelte in den folgenden Jahren junge Kommunisten meist jüdischer Herkunft sowie ehemalige Mitglieder der ab 1935 verbotenen jüdischen Jugendbewegung um sich. Während seiner Zwangsarbeit ab 1940 in den Siemens-Werken als Elektriker gewann er den Kreis junger Juden um Heinz und Marianne Joachim für seine Gruppe. Im Spätherbst 1941 ging die Baum-Gruppe, der rund 35 Mitglieder angehörten, in den organisierten Widerstand. Sie stellten Flugblätter wie „An die deutsche Hausfrau" her. Am 18. Mai 1942 verübte die Baum-Gruppe in Zusammenarbeit mit der Gruppe um Joachim ↑Franke einen Brandanschlag auf die antisowjetische Propagandaausstellung „Das Sowjetparadies". B. wurde bereits am 22. Mai verhaftet und starb kurz darauf, vermutlich durch Selbstmord in der Haft.

Haeften, Hans-Bernd von (18. 12. 1905 bis 15. 8. 1944).
H. war das zweite Kind einer angesehenen Offiziersfamilie. Sein Vater wurde später Präsident des Reichsarchivs. Er, sein drei Jahre jüngerer Bruder Werner und die ältere Schwester wuchsen in einem liberal-konservativen Elternhaus auf, in dem bekannte Gelehrte verkehrten. Manche der späteren Gefährten im Widerstand begegneten den Brüdern H. bereits in ihrer Jugendzeit. H. studierte 1924 in Berlin und München Rechtswissenschaft. Nach dem Referendarexamen 1928 verbrachte er als Austauschstudent ein Jahr in England und war von 1930 bis 1933 Geschäftsführer der Stresemann-Stiftung. In diesen Jahren hatte er erste Verbindungen zur ökumenischen Bewegung der Kirchen Europas. 1933 ging er in den Auswärtigen Dienst und weigerte sich auch als Diplomat konsequent der NSDAP beizutreten. H. war für die Verschwörer um Claus Schenk Graf von ↑Stauffenberg einer der wichtigsten Vertrauensleute im Auswärtigen Amt. Er gehörte als enger Freund von Adam von ↑Trott zugleich zum ↑Kreisauer Kreis und sollte nach einem gelungenen Umsturz Staatssekretär im Auswärtigen Amt werden. Nach dem Scheitern des Attentates konnte H. Berlin verlassen, kehrte jedoch am 22. Juli zurück und wurde einen Tag später von der Gestapo verhaftet, am 15. August 1944 vom VGH zum Tode verurteilt und wenige Stunden später in Berlin-Plötzensee hingerichtet.

Harnack, Mildred (16. 9. 1902 bis 16. 2. 1943).
Mildred Fish entstammte einer Kaufmannsfamilie und wuchs in Milwaukee im US-Staat Wisconsin auf. Sie lehrte an der Universität Madison Literaturwissenschaft und lernte dort Arvid H. kennen, den sie im Sommer 1926 heiratete. 1931 erhielt H. eine Anstellung als Lektorin für amerikanische Literaturgeschichte an der Berliner Universität. 1933 wurde sie entlassen und begann als Lehrerin für englische Literatur und Literaturgeschichte am Berliner Abendgymnasium zu arbeiten. Mit ihren Schülern Karl ↑Behrens, Bodo Schlösinger und Wilhelm Utech setzte eine regelmäßige Schulungstätigkeit zu ökonomischen und politischen Themen unter Leitung ihres Mannes ein. H. nutzte ihre guten Beziehungen zur amerikanischen Botschaft, beschaffte Reden von Roosevelt und anderen Politikern, Nachrichten über den spanischen Bürgerkrieg, Kommentare zu Hitlers Politik und andere Informationen, die sie zusammenstellte und an Gleichgesinnte weitergab. Sie knüpfte Kontakte zu oppositionell oder gegenüber dem NS-Regime kritisch eingestellten Frauen und Männern, gewann einige für eine aktive Widerstandstätigkeit und unterstützte die illegale Arbeit von Arvid H. Ende 1941 promovierte sie an der Universität in Gießen und war Lehrbeauftragte an der Berliner Universität. Sie wurde mit ihrem Mann am 7. September 1942 in Preil auf der Kurischen Nehrung verhaftet und am 19. Dezember vom RKG zu sechs Jahren Zuchthaus verur-

Arbeit mit einem Lexikon

teilt. Am 21. Dezember 1942 hob Hitler das Urteil auf und beauftragte das RKG mit einer zweiten Hauptverhandlung, die am 16. Januar 1943 mit der Todesstrafe endete. H. wurde in Berlin-Plötzensee hingerichtet.

Havemann, Robert (11. 3. 1910 bis 9. 4. 1982). Der Berliner Naturwissenschaftler H. wurde 1933 von den Nationalsozialisten aus dem Kaiser-Wilhelm-Institut für Physikalische Chemie entlassen. Er war 1932 der KPD beigetreten und hatte sich nach der Machtübernahme der Nationalsozialisten in der Widerstandsgruppe „Neu Beginnen" betätigt. Am 16. Dezember 1943 wurde er als Mitglied der Widerstandsgruppe ↑„Europäische Union", die besonders in der Betreuung und Unterstützung von Zwangsarbeitern aktiv war, zusammen mit den Medizinern Georg Groscurth und Paul Rentsch sowie dem Architekten Herbert Richter-Luckian vom VGH zum Tode verurteilt. H. erhielt Vollstreckungsaufschub, da er im Zuchthaus Brandenburg-Gorden in einem eigens eingerichteten Labor Forschungsarbeiten für das Heereswaffenamt durchführte. Im Zuchthaus gelang es ihm heimlich einen Kurzwellenempfänger herzustellen und Nachrichten zu verbreiten. 1945 als Leiter eines Kaiser-Wilhelm-Instituts in Berlin-Dahlem eingesetzt, wurde er 1950 wegen seiner Kritik an der Kernwaffenproduktion der USA entlassen. H., der zwischen 1950 und 1963 Abgeordneter der Volkskammer der DDR war und seine wissenschaftliche Karriere in Ost-Berlin zunächst fortsetzte, wurde wegen seiner zunehmend kritischen Haltung gegenüber der SED Mitte der sechziger Jahre aus allen Funktionen entlassen und aus der SED ausgeschlossen. H. stand seit 1976 als Wortführer eines oppositionellen demokratischen Sozialismus in der DDR unter Hausarrest, der bis zu seinem Tode nicht aufgehoben wurde.

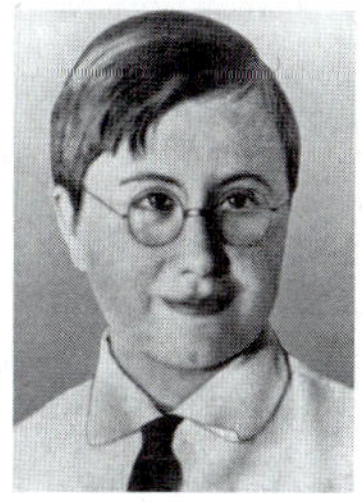

Herrmann, Liselotte (23. 6. 1909 bis 20. 6. 1938). In Berlin als Ingenieurstochter geboren, studierte sie von 1929 bis 1931 Chemie in Stuttgart, ab 1931 Biologie in Berlin. Dort wurde sie Mitte 1933 wegen ihrer politischen Tätigkeit – seit 1930 Mitglied des KJVD, 1931 der KPD – relegiert. Sie wandte sich der Kinderpflege zu, zog nach der Geburt ihres Sohnes Walter 1934 zu den Eltern nach Stuttgart, wo sie als Sekretärin im Ingenieurbüro ihres Vaters arbeitete. Sie vermittelte 1934/35 Verbindungen, darunter in die Schweiz, für Stuttgarter Kommunisten, wertete politische Informationen aus und erhielt Beweise für die Produktion von Kriegsflugzeugen und anderen Kriegsvorbereitungen. Von Spitzeln verraten, wurde sie am 7. Dezember 1935 wie weitere Stuttgarter Kommunisten verhaftet und am 12. Juni 1937 vom VGH zum Tode verurteilt, obgleich im Verfahren ein Offizier bestätigte, dass die bei ihr gefundenen Unterlagen nicht als geheim eingestuft gewesen waren. Ihre Hinrichtung und die ihrer drei Mitverurteilten erfolgte in Berlin-Plötzensee, obwohl sich viele Menschen aus verschiedenen Ländern für die junge Frau und Mutter eingesetzt hatten.

Guttenberg, Karl-Ludwig Freiherr von und zu (22. 3. 1902 bis 23. 4. 1945). Nach dem Abschluss seines Geschichtsstudiums gründete G. 1930 die Arbeitsstelle für konservatives Schrifttum, aus der 1934 das Organ „Weiße Blätter. Zeitschrift für Geschichte, Tradition und Staat" hervorging. Er war verheiratet mit Therese Prinzessin zu Schwarzenberg, mit der er zwei Töchter und einen Sohn hatte. Für die „Weißen Blätter" gewann G. im Laufe der Zeit Autoren wie Reinhold Schneider, Jochen Klepper und Ulrich von ↑Hassell. Die Zeitschrift trug so zu einer Diskussion von politischen Denktraditionen außerhalb des Nationalsozialismus bei. Im August 1939 konnte Guttenberg den ersten Kontakt zwischen Carl ↑Goerdeler und dem Diplomaten Ulrich von Hassell vermitteln. Wie andere Hitlergegner wurde G. mit Hilfe von Ludwig ↑Beck zum Wehrdienst beim Amt Ausland/Abwehr im Oberkommando der Wehrmacht unter Admiral Canaris eingezogen und gehörte dort zum Kreis um Hans ↑Oster und Hans von ↑Dohnanyi. Wenige Tage nach dem Attentat auf Hitler am 20. Juli 1944 wurde G. von der Gestapo verhaftet und bei den Verhören schwer misshandelt. Ein Sonderkommando des Reichssicherheitshauptamtes ermordete ihn zusammen mit drei anderen Gefangenen in der Nacht vom 23. auf den 24. April 1945 unter ungeklärten Umständen in der Nähe des Berliner Gefängnisses in der Lehrter Straße.

Thadden, Elisabeth von (29. 7. 1890 bis 8. 8. 1944). T. legte 1924 die Volkspflegerinnenprüfung ab und übernahm die Haushaltsführung im Landerziehungsheim Salem bei Überlingen. 1927 gründete sie das Landerziehungsheim für Mädchen in Schloss Wieblingen bei Heidelberg, bis ihr 1941 aus politischen Gründen die dafür notwendige Genehmigung entzogen wurde. (Eine Schülerin, Klasse 9, hatte – von ihrer Mutter angestiftet – sie wegen ihrer religiösen, antinationalsozialistischen Haltung denunziert.) Seit 1942 war T. für das Deutsche Rote Kreuz tätig, zuletzt als Leiterin von Soldatenheimen in Frankreich. In Berlin gehörte sie zum Kreis von Johanna Solf und half verfolgten deutschen Juden bei der Flucht ins Ausland. In Gesprächen mit Johanna ↑Solf, Otto Carl ↑Kiep und anderen kritisierte sie die nationalsozialistischen Gewaltverbrechen scharf. Nach der Denunziation durch einen Gestapo-Spitzel wurde T. am 13. Januar 1944 festgenommen, im KZ Ravensbrück inhaftiert, am 1. Juli 1944 vom VGH zum Tode verurteilt und in Berlin-Plötzensee hingerichtet.

Von der Wiederbewaffnung zum Weltkrieg

Die nationalsozialistische Außenpolitik war ein zweigleisiges Taktieren zwischen öffentlichen Friedensbeteuerungen und einer Überrumpelung des Auslandes durch eine „Politik der vollendeten Tatsachen“. Die Unentschlossenheit und Uneinigkeit der Westmächte ermöglichte es dabei den Nationalsozialisten spektakuläre Erfolge bei der Revision des Versailler Vertrages zu erzielen.

1. *Beschreibe die Karikatur und erläutere die Funktion der „Treppenstufen“*
2. *Fasse schlagwortartig die wesentlichen Stationen der nationalsozialistischen Außenpolitik bis zum Beginn des Zweiten Weltkriegs zusammen und trage sie als weitere „stepping stones“ in die Karikatur A ein.*
3. *Erläutere, welchen besonderen Stellenwert die Nationalsozialisten zuerst dem Krieg gegen Polen und später vor allem gegen die Sowjetunion beimessen (B und C).*
4. *Erkläre, warum für den Krieg im Osten besondere Anweisungen erlassen wurden, diesen Krieg als Vernichtungskrieg zu führen (D).*

A „Stepping stones to glory“

B Hitler in einer Rede vor den Oberbefehlshabern der Wehrmacht am 22. August 1933

Vernichtung Polens im Vordergrund. Ziel ist die Beseitigung der lebendigen Kräfte, nicht die Erreichung einer bestimmten Linie. Auch wenn im Westen Krieg ausbricht, bleibt Vernichtung Polens im Vordergrund. (...) Ich werde propagandistischen Anlass zur Auslösung des Krieges geben, gleichgültig, ob glaubhaft. Der Sieger wird später nicht danach gefragt, ob er die Wahrheit gesagt hat oder nicht. Bei Beginn und Führung des Krieges kommt es nicht auf das Recht an, sondern auf den Sieg.

(Aus: J. Hohlfeld (Hrsg.), Dokumente der Deutschen Politik und Geschichte von 1848 bis zur Gegenwart, Band 5, Berlin: Dokumenten Verlag 1951, S. 74f.)

C Rede Hitlers vor den Generälen am 30. März 1941 (Tagebucheintrag des Generaloberst Franz Halder)

Kampf zweier Weltanschauungen gegeneinander. Vernichtendes Urteil über Bolschewismus, ist gleich asoziales Verbrechertum. Kommunismus ungeheure Gefahr für die Zukunft. Wir müssen von dem Standpunkt des soldatischen Kameradentums abrücken. Der Kommunist ist vorher kein Kamerad und nachher kein Kamerad. Es handelt sich um einen Vernichtungskampf. Wenn wir es nicht so auffassen, dann werden wir zwar den Feind schlagen, aber in 30 Jahren wird uns wieder der kommunistische Feind gegenüberstehen. Wir führen nicht Krieg, um den Feind zu konservieren.

Künftiges Staatenbild:

Nordrussland gehört zu Finnland. Protektorate Ostseeländer, Ukraine, Weißrussland.

Kampf gegen Russland:

Vernichtung der bolschewistischen Kommissare und der kommunistischen Intelligenz.

Die neuen Staaten müssen sozialistische Staaten sein, aber ohne eigene Intelligenz. Es muss verhindert werden, dass eine neue Intelligenz sich bildet. Hier genügt eine primitive sozialistische Intelligenz.

(Aus: Gerd R. Ueberschär/Wolfram Wette (Hg.) Der deutsche Überfall auf die Sowjetunion „Unternehmen Barbarossa“, 1941, Frankfurt/Main: Fischer 199, S. 248f)

D Aus dem so genannten „Kommissarbefehl“ vom 6. Juni 1941

Im Kampf gegen den Bolschewismus ist mit einem Verhalten des Feindes nach den Grundsätzen der Menschlichkeit oder des Völkerrechts nicht zu rechnen. Insbesondere ist von den politischen Kommissaren aller Art als den eigentlichen Trägern des Widerstandes eine hasserfüllte, grausame und unmenschliche Behandlung unserer Gefangenen zu erwarten.

Die Truppe muss sich bewusst sein:

In diesem Kampfe ist Schonung und völkerrechtliche Rücksichtnahme diesen Elementen gegenüber falsch. Sie sind eine Gefahr für die eigene Sicherheit und die schnelle Befriedung der eroberten Gebiete.

Die Urheber barbarisch asiatischer Kampfmethoden sind die politischen Kommissare. Gegen diese muss daher sofort und ohne Weiteres mit aller Schärfe vorgegangen werden. Sie sind daher, wenn im Kampf oder Widerstand ergriffen, grundsätzlich sofort mit der Waffe zu erledigen.

(Aus: Heinz Hürten (Hrsg.), Deutsche Geschichte in Quellen und Darstellung, Band 9: Weimarer Republik und Drittes Reich, Stuttgart: Philipp Reclam 1995, S. 351)

Direktive für die amerikanische Militärregierung (JCS 1067 vom April 1945)

Bei dem folgenden Text handelt es sich um eine offizielle Anweisung des Generalstabs der Streitkräfte der USA („Joint Chief of Staff" der drei Waffengattungen Heer, Marine und Lufwaffe) an den amerikanischen Oberbefehlshaber der Besatzungstruppen der USA im besetzten Deutschland. Durch die Vereinbarungen der Potsdamer Konferenz wurde die Direktive modifiziert, jedoch nicht aufgehoben.

1. Zweck und Umfang der Direktive

Diese Direktive ergeht an Sie als den Kommandierenden General der Besatzungstruppen der Vereinigten Staaten in Deutschland. In dieser Eigenschaft werden Sie als Mitglied der Vereinigten Staaten beim Kontrollrat auftreten und außerdem für die Verwaltung der Militärregierung in der Zone oder den Zonen verantwortlich sein, die den Vereinigten Staaten zur Besetzung und Verwaltung zugewiesen sind. [...]

Diese Direktive gibt Richtlinien für die in der ersten Zeit nach der Niederlage gegenüber Deutschland einzuschlagende Politik. Als solche soll sie keine endgültige Festlegung der Politik unserer Regierung bezüglich der Behandlung Deutschlands in der Nachkriegswelt darstellen. [...]

4. Grundlegende Ziele der Militärregierung in Deutschland

a) Es muss den Deutschen klargemacht werden, dass Deutschlands rücksichtslose Kriegführung und der fanatische Widerstand der Nazis die deutsche Wirtschaft zerstört und Chaos und Leiden unvermeidlich gemacht haben, und dass sie nicht der Verantwortung für das entgehen können, was sie selbst auf sich geladen haben.

b) Deutschland wird nicht besetzt zum Zwecke seiner Befreiung, sondern als ein besiegter Feindstaat. Ihr Ziel ist nicht die Unterdrückung, sondern die Besetzung Deutschlands, um gewisse wichtige alliierte Absichten zu verwirklichen. Bei der Durchführung der Besetzung und Verwaltung müssen Sie gerecht, aber fest und unnahbar sein. Die Verbrüderung mit deutschen Beamten und der Bevölkerung werden Sie streng unterbinden.

c) Das Hauptziel der Alliierten ist es, Deutschland daran zu hindern, jemals wieder eine Bedrohung des Weltfriedens zu werden. Wichtige Schritte zur Erreichung dieses Zieles sind die Ausschaltung des Nazismus und des Militarismus in jeder Form, die sofortige Verhaftung der Kriegsverbrecher zum Zwecke der Bestrafung, die industrielle Abrüstung und Entmilitarisierung Deutschlands [...] und die Vorbereitungen zu einem späteren Wiederaufbau des deutschen politischen Lebens auf demokratischer Grundlage. [...]

5. Wirtschaftskontrollen

[...] Sie werden bei der Durchführung des Reparationsprogramms oder anderweitig nichts unternehmen, was geeignet wäre, die grundlegenden Lebensbedingungen in Deutschland oder in Ihrer Zone auf einem höheren Stand zu halten als in irgendeinem benachbarten Mitgliedstaat der Vereinten Nationen. [... Sie werden] keine Schritte unternehmen, die (a) zur wirtschaftlichen Wiederaufrichtung Deutschlands führen könnten oder (b) geeignet sind, die deutsche Wirtschaft zu erhalten oder zu stärken."

(Zit. nach: Werner Ripper (Hrsg.): Weltgeschichte im Aufriss. Deutschland im Spannungsfeld der Siegermächte (1945–49). Frankfurt am Main: Diesterweg 1982, S. 12–13.)

1. *Untersuche das vorliegende amtliche Dokument mithilfe der Arbeitsschritte auf der „Gewusst-Wie"-Seite „Amtliche Dokumente auswerten" in deinem Geschichtsbuch.*
2. *Vergleiche das Dokument mit dem Protokoll der Konferenz von Potsdam, insbesondere dem auf der „Gewusst-Wie"-Seite abgedruckten Abschnitt.*

Deutschland nach 1945 – wahre und falsche Behauptungen

Kreuze bei den folgenden Behauptungen an, ob sie wahr (W) oder falsch (F) sind. Begründe deine Entscheidung.

Behauptung	**W**	**F**
(1) 1945 waren ca. zwei Drittel der Deutschen nicht mehr in ihrer Heimat.		X
(2) In Köln lebten von den 767 000 Einwohnern der Vorkriegszeit nur noch ca. 40 000 Menschen, überwiegend in Kellern und notdürftig zusammengeflickten Häusern.		
(3) Im Verhältnis zur Bevölkerung gingen die meisten Flüchtlinge und Vertriebenen zunächst in die sowjetische Besatzungszone.	X	
(4) Auf dem Schwarzmarkt kostete 1946/47 1 kg Brot fast zehnmal so viel wie in den Geschäften (mit Lebensmittelkarte). Auch Butter kostete bis zu 10 mal so viel wie regulär.		
(5) Durch die Zusatzausgaben auf dem Schwarzen Markt reichte das Einkommen (ca. 300 RM) einer Berliner Durchschnittsfamilie mit drei Kindern nur noch für die Hälfte der monatlichen Ausgaben.		
(6) Bereits beim Ausbruch des Krieges fehlten ca. 1 Million Wohnungen in Deutschland; auch ohne den Bombenkrieg wäre ein großer Teil der Wohnungen vollkommen überaltert gewesen.	X	
(7) Die schlechte Wohnsituation führte dazu, dass die Zahl der Tuberkulose- und Typhuserkrankungen sich verdoppelte bzw. verzehnfachte.		
(8) 1948 gab es in den 4 Besatzungszonen mehr als 10 Mio. Flüchtlinge und Vertriebene.	X	
(9) Erst 1949 gründeten die Vereinigten Staaten in ihrer Zone Bundesländer.		X
(10) Nach dem Ende des Krieges herrschte für viele Menschen Chaos in Deutschland. Die Menschen mussten ihr Leben völlig neu organisieren. Historiker sprechen deshalb von der „Zusammenbruchsgesellschaft".	X	
(11) Auf dem Schwarzmarkt wurde in der Regel Ware gegen Ware getauscht. Obwohl die Menschen wenig Geld besaßen, wurden aber auch viele Waren gegen Barzahlung angeboten.		

Weißt du Bescheid? – Deutschland nach dem Krieg

Waagerecht:

1. *Wie hieß der erste Präsident der DDR (Vorname und Nachname)?*
2. *Wie hieß der erste Bundeskanzler der Bundesrepublik Deutschland (Vorname und Nachname)?*
7. *Wie wurden die Versorgungsflugzeuge während der Berliner Blockade inoffiziell genannt?*
8. *Über welchen Weg wurden die Berliner während der Blockade mit Lebensmitteln versorgt (Einzahl)?*
11. *Wie lautete der Nachname des damaligen US-Präsidenten, der mit Vornamen Harry S. hieß?*
12. *Wie nannte man das gemeinsame Besatzungsgebiet der USA und Großbritanniens?*

Senkrecht:

1. *Eines der Ziele, die Adenauer mit seiner Politik verfolgte, war die …?*
3. *Wie bezeichnete man das Wirtschaftssystem in der Sowjetzone?*
4. *Womit reagierte die Sowjetunion auf die Einfüh der DM in den Westsektoren?*
5. *Was lehnte die SPD ab? Eine …?*
6. *Einer der wichtigsten Eckpfeiler des Grundgese in der Bundesrepublik Deutschland ist die Gara der …?*
9. *Das Hilfsprogramm der USA nach dem Krieg trug den Namen …?*
10. *Die Pakete, die mit lebensnotwendigen Dingen aus der USA kamen, hießen …? (Einzahl)*
13. *Die damalige Hauptstadt der Bundesrepublik Deutschland war …?*

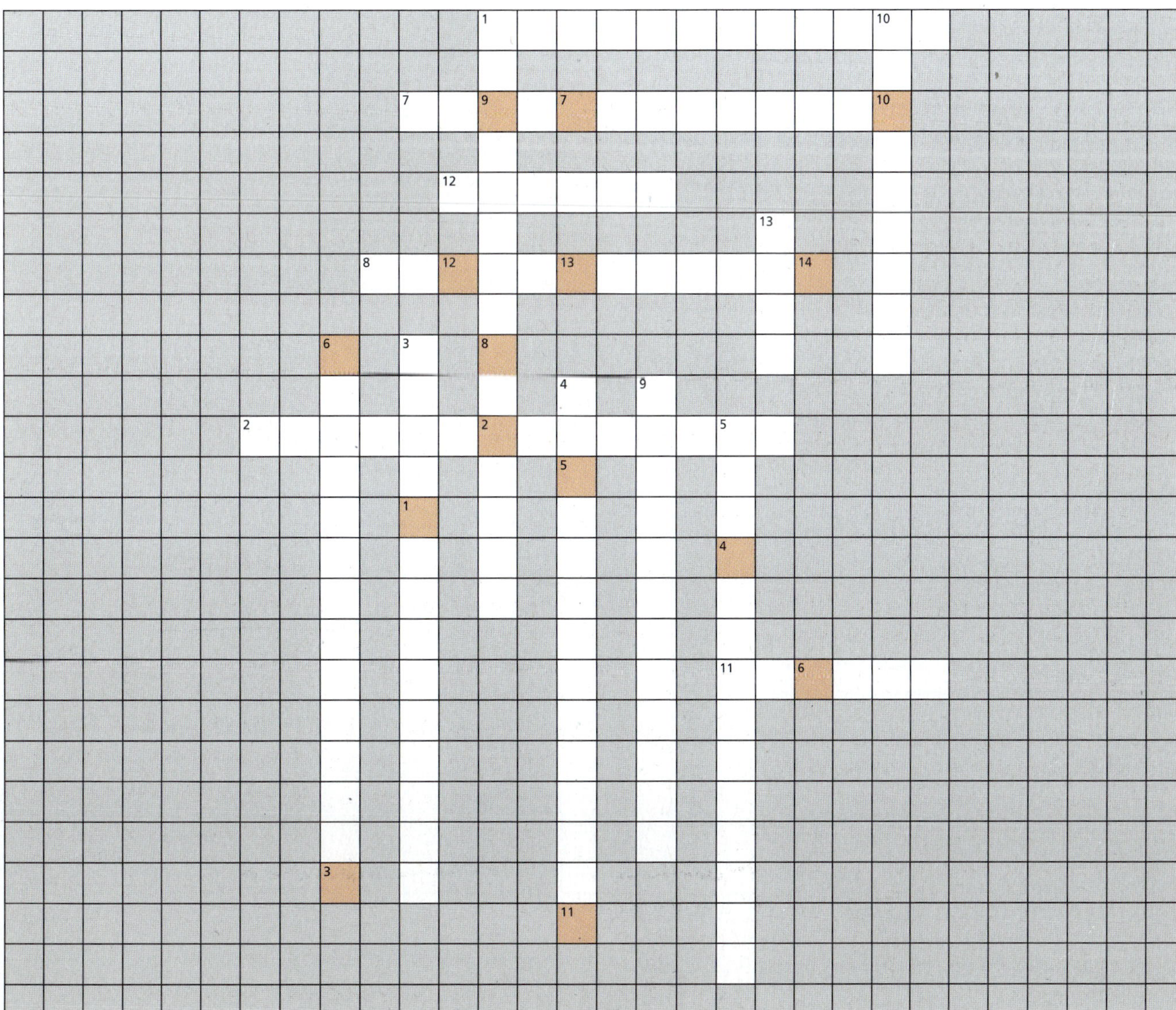

Lösungswort: 1 2 3 4 5 6 7 8 9 10 11 12 13 14 15

Ein Filmbeobachtungsbogen

Mithilfe dieses Arbeitsbogens auf dieser Seite kannst Du jeden beliebigen Film (Kino, Fernsehen, DVD, Video) auswerten, der einen geschichtlichen Sachverhalt zum Thema hat. In den unteren Feldern kannst du dir noch eigene Beobachtungsfragen notieren, die sich speziell auf den von dir ausgesuchten Film beziehen.

Titel des Filmes: ____________________

Fragen an den Film	**Deine Beobachtungen**
Welche geschichtlichen Ereignisse werden in dem Film verarbeitet? Stehen sie im Mittelpunkt oder bilden sie nur einen Hintergrund für die Handlung?	
Wie wird der geschichtliche Hintergrund im Film vermittelt – und mit welchen Effekten?	
Welche (historischen) Persönlichkeiten werden dargestellt und auf welche Weise (sympathisch, unsympathisch, gemischt)?	
Wie wird Spannung erzeugt? Wie wird Spannung wieder „abgebaut"?	
Wie ist die Kameraführung? Wo gibt es auffällige Großaufnahmen? Wie ist das Verhältnis von kurzen und langen Einstellungen? Wo gibt es auffällige „Schnittstellen"?	
Wann dominieren Sprache, wann Geräusche und Musik? Wie wird die Filmmusik eingesetzt? Welche Wirkung soll mit der Musik in den Szenen erreicht werden?	
Gibt es eine „Botschaft" des Filmes, wenn ja: Wie lautet sie? Kann sich der/die Zuschauer/in eine eigene Meinung bilden oder wird ihm/ihr durch den Film eine Meinung vermittelt?	

Der Ost-West-Konflikt – Geschichtsfälscher am Werk

In dem unten abgedruckten Manuskript haben sich Fehler eingeschlichen. Finde alle Fehler und korrigiere sie mithilfe des Kapitels „Das Ende des Kalten Krieges" in deinem Geschichtsbuch. Ein Tipp: Insgesamt sieben fehlerhafte Passagen verstecken sich im Text.

Im September 1989 öffnete die tschechischslowakische Regierung die vorher hermetisch abgeschottete Grenze. Die osteuropäischen Staaten befreiten sich von der sowjetischen Vorherrschaft. Gleichzeitig endete auch die weltweite Konfrontation zwischen Ost und West. Wie war es zu diesem Umbruch gekommen?

Nach Stalins Tod 1953 hofften nicht nur in der Sowjetunion, sondern auch in Osteuropa viele Menschen auf mehr politische Freiheiten. Ihre Hoffnungen wurden jedoch enttäuscht. Der Ostblock blieb in der eisernen Hand der Sowjetunion: Die amerikanische Regierung griff zwar 1956 in Ungarn kurzzeitig mit Hilfslieferungen ein, konnte jedoch die sowjetische Herrschaft nicht beenden.

Doch der Ostblock kam immer nur für einige Zeit zur Ruhe: 1968 war die Tschechoslowakei an der Reihe. Eine halbe Million Soldaten der NATO marschierten ein und stürzten die Regierung. Fast zehn Jahre später kam es zur nächsten Krise. In Polen gründeten die Menschen eine freie Gewerkschaft („Solidarnosc"). Daraufhin marschierten sowjetische Truppen in Polen ein, verhängten das Kriegsrecht und verboten die Solidarnosc. Doch die Ruhe in Polen und in anderen Ostblockstaaten war trügerisch.

Seit 1978 regierte in den Vereinigten Staaten der demokratische Präsident Ronald Reagan, der eine Politik der Härte gegenüber der Sowjetunion verfolgte. Doch dann änderte sich die Politik der Sowjetunion, als 1985 Michael Gorbatschow Staatschef wurde. Dieser erkannte, dass das kommunistische System an den Rand seiner Kräfte angekommen war. Die wirtschaftlichen Probleme und die Unzufriedenheit der Menschen mit dem politischen System erforderten einen völlig Neuanfang ohne Kommunismus, dafür aber unter Beibehaltung der sowjetischen Herrschaft über Osteuropa. Gorbatschow verkündete „Glasnost" (= Offenheit) und „Perestroika" (= Umgestaltung). Ein Hauptproblem waren die sehr hohen Rüstungsausgaben. Daher war Gorbatschow zu Verhandlungen mit dem Westen bereit. In dem amerikanischen Präsidenten Reagan fand er überraschenderweise dazu einen Partner, der bereit war, sein negatives Urteil über die Sowjetunion zu ändern. 1987 wurde der INF-Vertrag unterzeichnet, der die ersatzlose Verschrottung aller Mittelstreckenraketen vorsah, um die seit 1979 so intensiv verhandelt worden war („Null-Lösung"). 1989 beendete die Sowjetunion schließlich auch die verlustreiche Besetzung Afghanistans und zog sich aus dem Land zurück. 1987 und 1988 besuchten sich Reagan und Gorbatschow wechselseitig in ihren Hauptstädten und demonstrierten dabei ein freundschaftliches Verhältnis ihrer beiden Staaten. Der Kalte Krieg ging zu Ende. Auch Osteuropa kam in Bewegung, als Gorbatschow 1988 vor der UNO erklärte, dass die Sowjetunion bereit sei, die DDR gegen Zahlung einer „Ablösesumme" von 20 Milliarden Dollar in die Freiheit zu entlassen. Dieses Angebot wurde von Bundeskanzler Kohl angenommen: Die DDR löste sich auf und wurde mit der Bundesrepublik Deutschland zusammengeschlossen. Auch für die anderen Ostblockstaaten konnte die Freiheit erkauft werden. Der eiserne Vorhang war verschwunden. Zwei Jahre später wurde Gorbatschow gestürzt und die Sowjetunion löste sich auf. Die USA wurden damit zur alleinigen, weltweit operierenden Supermacht.

ACHTUNG! FEHLER!

I. Die deutschen Grenzen

„Nun wächst zusammen, was zusammengehört!" Diese optimistische Aussage stammt von Ex-Bundeskanzler Willy Brandt nach dem Fall der Berliner Mauer 1989. Am 3. Oktober 1990 traten fünf Bundesländer im Osten der Bundesrepublik bei. Die Existenz eines geeinten deutschen Staatsgebietes war nicht immer selbstverständlich. Seit dem 19. Jahrhundert war umstritten, welche Gebiete zu einem deutschen Nationalstaat gehörten.

1. *Trage den Verlauf der deutschen Grenze von 1871 und die Veränderungen von 1919 und 1949 in die Karte ein.*

II. Der Kalte Krieg in Deutschland – zwischen Spaltung und Annäherung

1. *Suche mit Hilfe des Geschichtsbuchs politische Ereignisse und Maßnahmen heraus, die zur Vertiefung der staatlichen Teilung oder zur Annäherung der beiden Staaten führten, und trage sie in die Spalten ein.*

Jahr	Maßnahmen, die zur Vertiefung der deutschen Teilung führten	Maßnahmen, die zur Annäherung der beiden Staaten führten

2. *Begründe stichwortartig deine Zuweisung in die Spalten. Vergleiche deine Ergebnisse mit denen deiner Mitschüler und diskutiert mögliche Unterschiede.*

zur Einheit

III. Die Wiedervereinigung

1. Finde für beide Bilder eine kurze treffende Unterschrift
2. Vergleiche die beiden Texte und unterstreiche die wichtigsten Aussagen.

Als nach der politischen Wende in der DDR die Frage der deutschen Wiedervereinigung gestellt wurde, gab es zwei offizielle Regierungsprogramme:

Die Regierungserklärung des DDR-Ministerpräsidenten Hans Modrow vom 17. 11. 1989: (Auszug)
„Der Wille zur Erneuerung der sozialistischen Gesellschaft und ihres Staates hat Millionen Bürger erfasst ... Dem Volk der DDR, das einen guten Sozialismus will, wird diese Regierung verpflichtet sein ... Indem sich beide deutsche Staaten uneingeschränkt respektieren, können sie zugleich ein wertvolles Beispiel kooperativer Koexistenz schaffen. Die Regierung der DDR ist bereit, die Zusammenarbeit mit der BRD umfassend auszubauen und auf eine neue Stufe zu heben ... Wir sind dafür, die Verantwortungsgemeinschaft beider deutscher Staaten durch eine Vertragsgemeinschaft zu ersetzen, die weit über den Grundlagenvertrag und die bislang geschlossenen Verträge und Abkommen zwischen beiden Staaten hinausgeht."

Das Zehn-Punkte-Programm von Bundeskanzler Helmut Kohl vom 28. 11 1989 (Auszug):
„Ich habe angeboten, unsere Hilfe und unsere Zusammenarbeit umfassend auszuweiten, wenn ein grundlegender Wandel des politischen und wirtschaftlichen Systems in der DDR ... unumkehrbar in Gang gesetzt wird. Ministerpräsident Modrow hat in seiner Regierungserklärung von einer Vertragsgemeinschaft gesprochen ... Wir sind bereit, ... konföderative Strukturen zwischen beiden Staaten in Deutschland zu entwickeln mit dem Ziel, eine Föderation, das heißt eine bundesstaatliche Ordnung in Deutschland zu schaffen. Das setzt aber eine demokratisch legitimierte Regierung der DDR zwingend voraus. Dabei könnten wir uns nach schon bald freien Wahlen folgende Institutionen vorstellen: einen gemeinsamen Regierungsausschuss ... ein gemeinsames parlamentarisches Gremium ... Wie ein wiedervereinigtes Deutschland schließlich aussehen wird, das weiß heute niemand."

2. Vergleiche die beiden Texte und unterstreiche die wichtigsten Aussagen.
3. Stelle mithilfe der Informationen in deinem Schulbuch die wesentlichen Schritte bis zur Vereinigung dar. Vergleiche diese Entwicklung mit den Plänen von Modrow und Kohl.
4. Frage deine Eltern, Großeltern und Verwandten, wie sie heute die Wiedervereinigung beurteilen. Diese könnten z. B. sein:
– Was hattet ihr von der Wiedervereinigung hauptsächlich erwartet?
– Sind eure Hoffnungen – nicht, – teilweise oder ganz erfüllt worden?
– Welche Probleme müssten noch gelöst werden?
– Würdet ihr heute einen alternativen Weg zur Vereinigung befürworten?
Wertet die Befragungsergebnisse in der Klasse aus. Wo stellt ihr Gemeinsamkeiten, wo Unterschiede fest?

Außenpolitik der Bundesrepublik Deutschland

1. Ergänze die folgende Übersicht.

Westen | **Osten**

Leitende Grundidee

1951 ______

______

1955 ______

______

1957 ______

______

Bundeskanzler
Konrad Adenauer (CDU)

______

bis

______

1955 ______

______

______

______

______

______

Bundeskanzler
Willy Brandt (SPD)

______

bis

______

1970
August ______

______

Dezember ______

______

1972 ______

______

Leitende Grundidee

2. Schreibe jeweils ein Argument auf, das die eingenommene Haltung zu Willy Brandts Kniefall begründet

Meinungsumfrage: Kniefall angemessen oder übertrieben? (1970)
Bundeskanzler Willy Brandt kniete in Warschau vor dem Denkmal für die ermordeten Juden nieder. Von je 100 Bundesbürgern, die darüber aus dem Fernsehen oder aus der Zeitung informiert waren, empfanden das Verhalten Brandts als …

Quelle: Der Spiegel, 14. Dezember 1970, S. 27

angemessen
übertrieben
keine Meinung

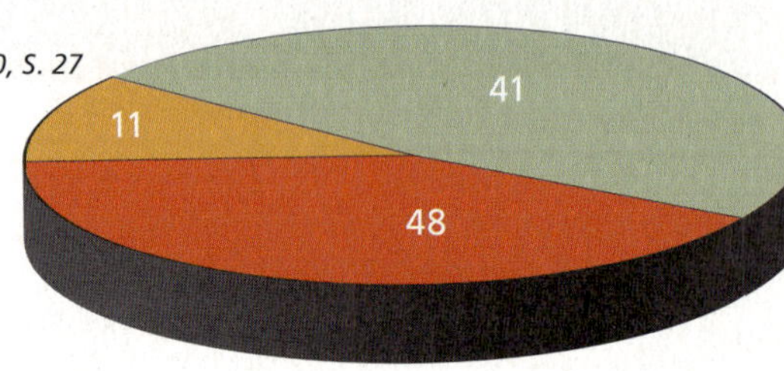

Willy Brandts Kniefall war angemessen, weil … ______

______

Willy Brandts Kniefall war übertrieben, weil … ______

______

Willy Brandts Kniefall ist mir egal, weil … ______

______

Grenze und Grenzerfahrung

1. *Dieses Bild wurde 1961 in Berlin aufgenommen. Versuche dir die Gedanken des Maurers und die Gedanken des Soldaten hinter ihm vorzustellen.*

2. *Die DDR-Grenzanlagen hießen im offiziellen Sprachgebrauch: „Antifaschistischer Schutzwall zur Sicherung des friedlichen Aufbaus der Werktätigen in der DDR". Vergleiche diese Formulierung mit der hier dokumentierten Realität an der Grenze.*

3. *„Die Mauer war kein antifaschistischer Schutzwall: Die Maschinenpistolen waren nach innen gerichtet." Mit dieser Aussage beurteilte Fritz Hähle, der Fraktionsvorsitzender der CDU im Sächsischen Landtag, die Grenzanlage der DDR. Erläutere dieses Urteil.*

Soziale Marktwirtschaft oder Wirtschaft nach Plan?

1. Ergänze die folgende Grafik, indem du die folgenden Begriffe an die richtige Stelle setzt:
Preis – Angebot – Angebot – Wettbewerbspolitik – Kontrolle – Familienpolitik – Steuerpolitik – Steuerpolitik – Nachfrage – Nachfrage – Sozialpolitik – Subventionen – Waren und Dienstleistungen.

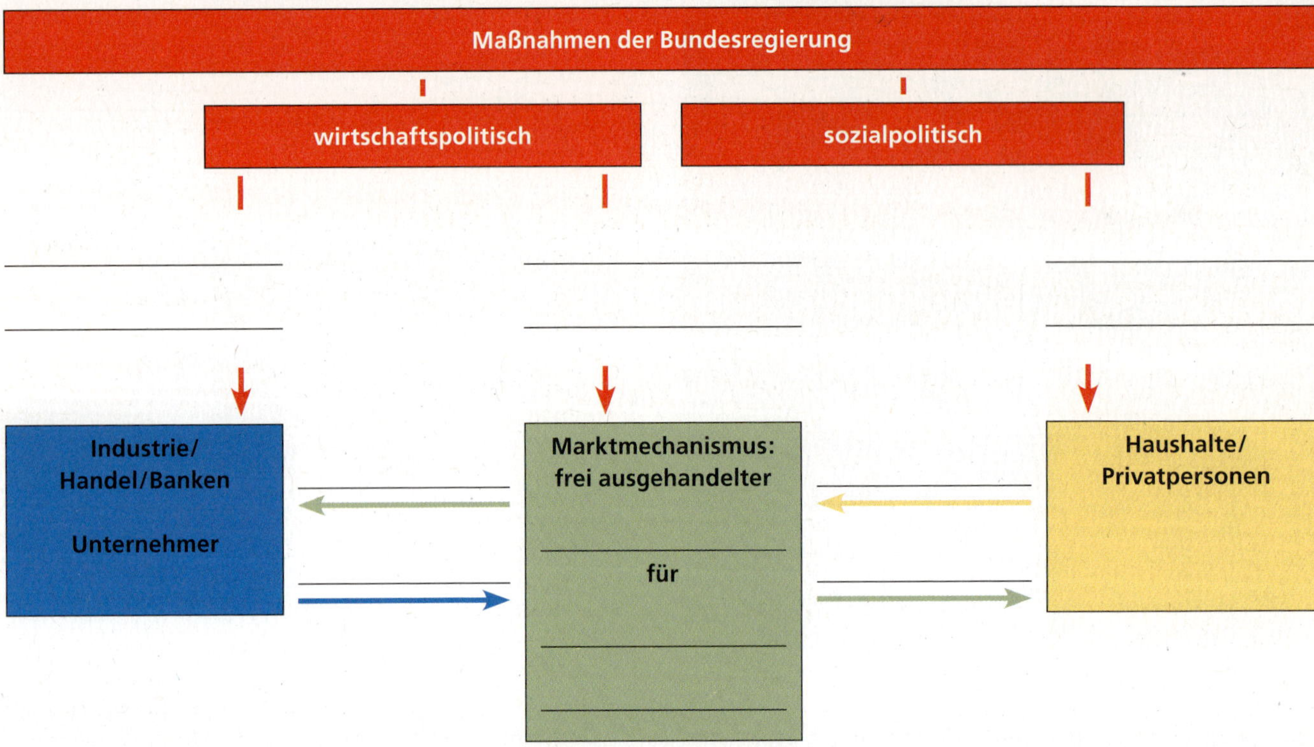

2. Beschrifte die Pfeile und fülle die Kästen aus, indem du die folgenden Begriffe richtig platzierst:
Haushalte – 2 oder 5-Jahresplan – LPGs – Angebot – Rückmeldung – Rückmeldung – VEBs – zentrale Planungsbehörde – politische Planungsvorgaben.

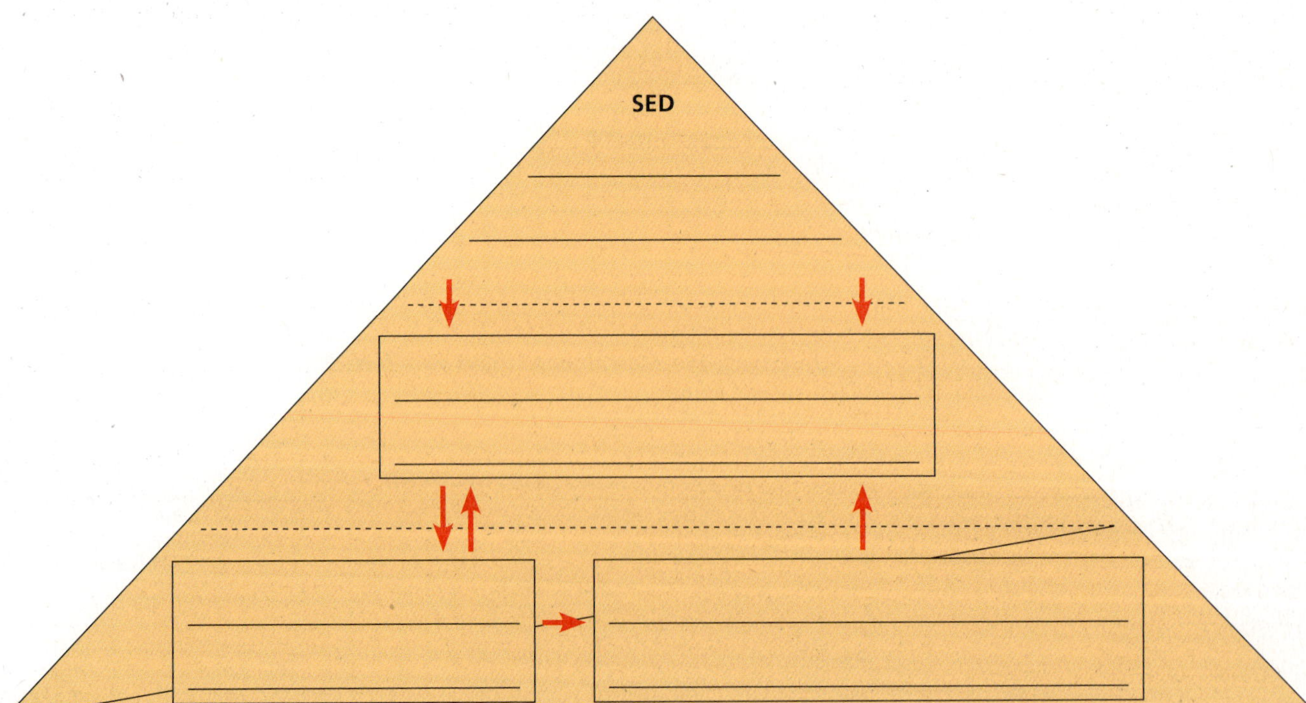

3. Skizziere kurz die wesentlichen Unterschiede der beiden Wirtschaftsmodelle.

Die deutsche Gesellschaft im Wandel der Zeit

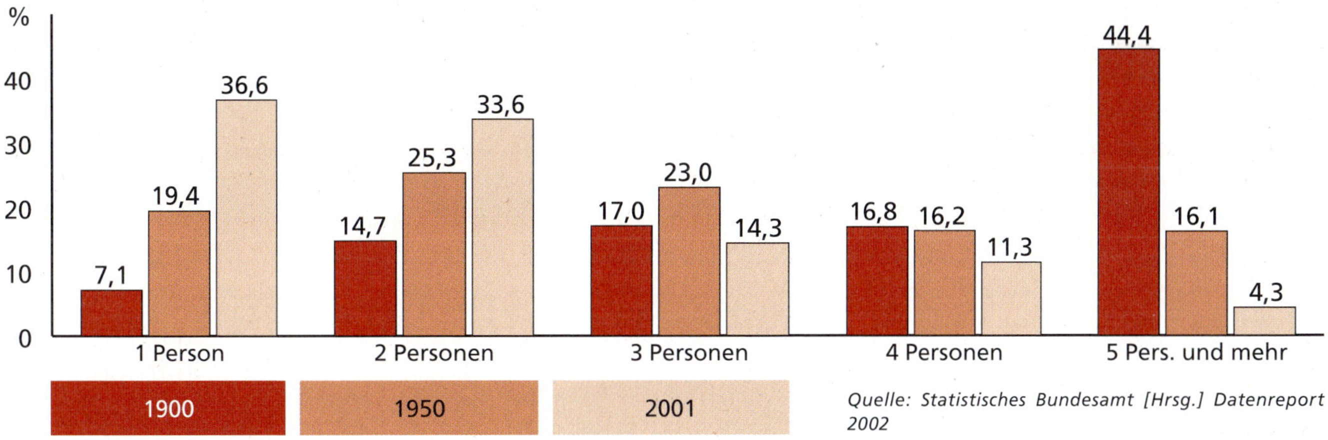

Quelle: Statistisches Bundesamt [Hrsg.] Datenreport 2002

1. *Beschreibe die Veränderungen bei der Haushaltsgröße in den vergangenen 100 Jahren.*

2. *Trage verschiedene Aspekte zusammen, die dir dein Geschichtsbuch anbietet, um die Entwicklung zwischen 1900 und 2001 zu erklären.*

Deutsches Defizit

Entwicklung der Geburten und Sterbefälle in Deutschland von 1949 an (in Millionen)

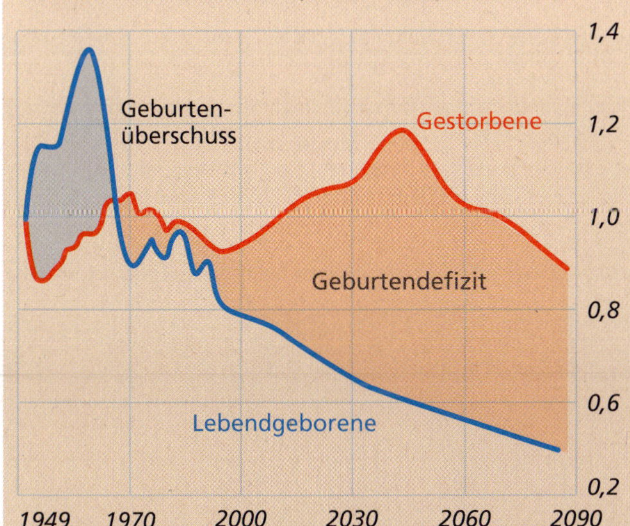

Von 1998 an Projektion: Annahmen: 1) Geburten je Frau: 1,4 – 2) Anstieg der Lebenserwartung bis 2080: Männer 84 Jahre / Frauen 90 Jahre – 3) Jährliches Wanderungssaldo: 150 000.
Quelle: H. Birg: „Die demographische Zeitenwende" FAZ-Grafik Walter

3. *Beschreibe die Graphik zur Entwicklung der Geburten und Sterbefälle.*

4. *Überlege, welche Auswirkungen die Entwicklung der Geburten und Sterbefälle für deine Zukunft hat.*

Die Herkunft ausländischer Mitbürger in Deutschland

1. *Setze die Tabelle mit den Angaben zu den Herkunftsländern der ausländischen Mitbürger in eine ansprechende und gut lesbare Grafik um. Du kannst ein Tabellenkalkulationsprogramm nutzen und die Grafik farbig gestalten oder die Grafik frei zeichnen.*
2. *Wie erklärst Du die unterschiedlichen Schwankungen, die sich an der Grafik ablesen lassen?*

Herkunftsland	1967	1970	1975	1980	1985	1990	1995	2000	2003
Portugal	23996	54386	118536	112270	77046	85511	125131	133726	130623
Spanien	177033	245530	247447	179952	152781	135498	132283	129471	125977
Italien	412777	573648	601405	617895	531338	552440	586089	619060	601258
Jugoslawien*	140553	514476	677863	631842	591001	662691	797754	662495	568240
Griechenland	200951	342891	390455	297518	280614	320181	359556	365438	354630
Türkei	172439	469160	1077097	1462442	1401932	1694649	2014311	1998534	1877661

Für die Jahre 1967 bis 1990: früheres Bundesgebiet; ab 1991: Deutschland.
** ab 1992 Serbien und Montenegro.*
nach: Statistisches Bundesamt Wiesbaden, 2004

„Wahnsinn!" – Botschaftsflüchtlinge im Jahr 1989

Flüchtlinge klettern über die Mauer der Prager Botschaft

Flüchtlinge campieren im Garten der Prager Botschaft

Zugtransport mit Flüchtlingen setzt sich in Prag in Bewegung

Ankunft des Zuges mit den Flüchtlingen im Westen

1. *Jetzt sind die Flüchtlinge aus Prag endlich im ersehnten Westen angekommen. Tage und Wochen haben sie zuvor in Zelten im Garten der Botschaft der Bundesrepublik ausgeharrt. Stell dir vor, du bist ein Journalist mit dem Mikrofon in der Hand! Was hättest du sie gerne gefragt? Und was meinst du, hätten sie dir geantwortet?! Schreibe ein solches Interview auf.*

Umgang mit der Vergangenheit: Das „Denkmal

Bei der Eröffnung des Denkmals am 10. Mai 2005 sagte Bundestagspräsidenten Wolfgang Thierse:

Dies soll ein Ort des Gedenkens sein, soll also die Grenze überschreiten, die zwischen kognitiver Information, historischem Wissen einerseits und Empathie mit den Opfern, Trauer um die Toten anderseits liegt – so sehr beides gewiss zusammengehört. Dieses Denkmal – mit dem Ort der Information – kann uns Heutigen und den nachfolgenden Generationen ermöglichen, mit dem Kopf und mit dem Herzen sich dem unbegreiflich Geschehenen zu stellen. Was heute noch in großer Eindringlichkeit Zeitzeugen erzählen können, müssen in Zukunft Museen, muss die Kunst vermitteln. Wir sind gegenwärtig in einem Generationenwechsel, einem Gezeitenwechsel, wie manche sagen: Nationalsozialismus, Krieg und organisierter Völkermord werden immer weniger lebendige Erfahrung von Zeitzeugen bleiben, sondern immer mehr zu Ereignissen der Geschichte; sie wechseln von persönlicher, individuell beglaubigter Erinnerung in das durch Wissen vermittelte kollektive Gedächtnis. Das Denkmal ist Ausdruck dieses Übergangs. ... Es ist – im wirklichen Sinne des Wortes – ein offenes Kunstwerk. Offen gegenüber der Stadt, dem räumlichen Umfeld, in das es übergeht. Offen für seinen vielfältigen individuellen Gebrauch: Dieses Denkmal kann man nicht „kollektiv" begehen, es vereinzelt. Es ermöglicht eine sinnlich-emotionale Vorstellung von Vereinsamung, Bedrängnis, Bedrohung. Es erzwingt nichts.

(zit. nach: FAZ vom 11. Mai 2005)

Paul Spiegel, Präsidenten des Zentralrats der Juden in Deutschland, sprach ebnfalls:

Das Denkmal für die ermordeten Juden Europas ehrt die Opfer der nationalsozialistischen Gewaltherrschaft, verweist aber nicht unmittelbar auf die Täter. Die Täter und Mitläufer von einst und deren heutige Gesinnungsgenossen müssen sich beim Besuch des Denkmals nicht unmittelbar angesprochen fühlen. Das Mahnmal selbst entzieht sich der Frage nach dem ‚Warum?' und enthält sich jeder Aussage über die Schuldigen wie auch über die Ursachen und Hintergründe der Kriegskatastrophe. In bester Absicht und künstlerisch beeindruckend wurde stattdessen die Vorstellung von den Juden als dem Volk der Opfer in 2711 Betonstelen gegossen. Das Gedenken an die Ermordeten erspart den Betrachterinnen und Betrachter die Konfrontation mit Fragen nach Schuld und Verantwortung. Vor diesem Hintergrund ist der ‚Ort der Information' eine unerlässliche Ergänzung des Denkmals. Erfahrungsgemäß wird sich jedoch nur ein Teil der Besucherinnen und Besucher die Mühe machen, die auf dem Stelenfeld gesammelten Eindrücke durch zusätzliche Fakten zu vertiefen. Schließlich ist die Mehrheit der Bevölkerung in Deutschland, wie in anderen Ländern auch, der irrigen Auffassung, genug über den Holocaust zu wissen, ja geradezu übersättigt mit Informationen über die NS-Zeit zu sein. ... Meine Einwände beziehen sich auf die meines Erachtens unvollständig gebliebene Aussage des Denkmals. Ungeachtet dessen liegt mir sehr daran, angesichts der mit diesem Bauwerk zum Ausdruck gebrachten Solidarität mit der jüdischen Gemeinschaft, meine Anerkennung und Wertschätzung für das gesamte Projekt zu betonen.

(Zit. nach: FAZ vom 11. Mai 2005)

für die ermordeten Juden Europas" in Berlin

1. Ermittle die Aspekte der Würdigung des Mahnmals, die die Redner jeweils herausstellen

Bundestagspräsident Thierse:

Präsident des Zentralrates der Juden Spiegel:

2. „Stelenhüpfen" und Sonnenbaden am Holocaust-Mahnmal. Ist ein solches Verhalten respektlos?

a) Ja, das Mahnmal ist ein Ort stillen Gedenkens.

b) Nein, die Menschen sollten auf ihre Weise mit Orten der Erinnerung umgehen dürfen.

c) Ich habe dazu keine Meinung.

Entscheide dich für eine Antwort und begründe deine Entscheidung.

Feldpost von der Ostfront 1945

Während des Krieges sorgte die „Feldpost" dafür, dass Soldaten Briefe nach Hause schreiben konnten. Umgekehrt konnten die Angehörigen Briefe und Pakete an den Ehemann, Bruder oder Vater schicken, der zur Wehrmacht eingezogen worden war. Heute gibt die Feldpost als Quelle dem Historiker wertvolle Hinweise auf den Kriegsalltag. Allerdings darf dabei eins nicht vergessen werden: Manches durften die Menschen nicht erwähnen, zum Beispiel militärische Einzelheiten oder Kritik an der Regierung (Zensur). Und über manches wollten sie nicht schreiben, zum Beispiel, um den Empfänger nicht zu beunruhigen. Der folgende Brief eines Soldaten der Wehrmacht wurde drei Monate vor Kriegsende von der Ostfront abgeschickt – er kam nie an.

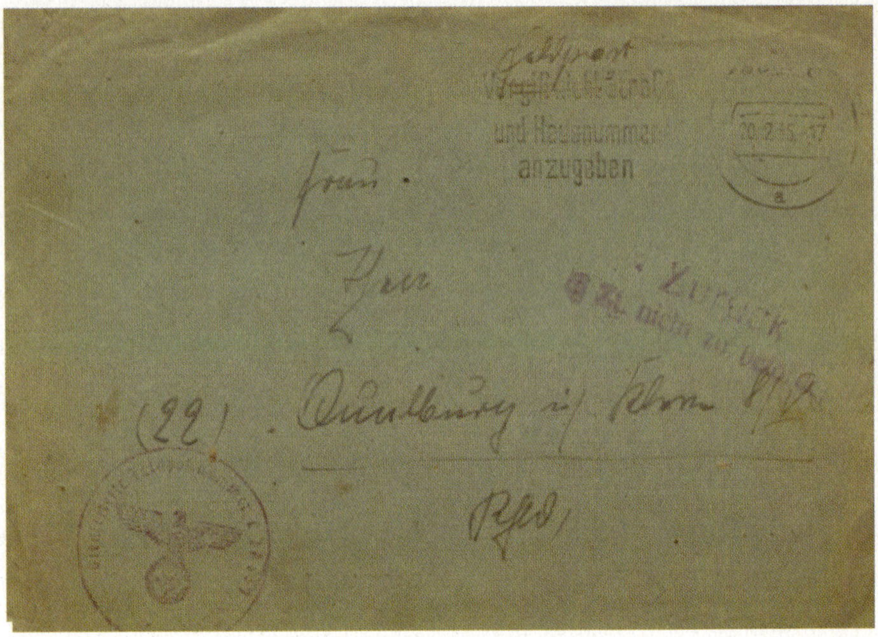

Osten, den 9. 2. 45

Ihr Lieben daheim!

Jetzt habe ich gerade Gelegenheit, ein paar Zeilen an Euch Lieben einem Verwundetentransport mitgeben zu können. Denn sonst haben wir keine Gelegenheit, Post abzuschicken, auch empfangen wir keine. Doch ich nehme an, daß Ihr noch gesund und munter seid. Von mir kann ich dasselbe berichten, alles in bester Ordnung.
Mache Dir bitte keine Sorge, liebe Thea, wenn Du mal längere Zeit keine Post bekommst, denn Du weißt ja selber, wie die Lage hier oben ist. Doch ich hoffe, daß sich die Lage bald klären wird, und der Postverkehr wieder in Ordnung geht. Es kann sein, liebe Thea, daß die Leute, wo wir in Quartier lagen, die auch alles verloren haben, denn dort ist der Feind, an Dich schreiben. Ich habe den Leuten Deine Adresse gegeben, wenn Du mal Post bekommst von den Leuten, dann teile Ihnen mit, daß Du von mir Post erhalten hast, denn auf unseren Fahrzeugen haben wir noch Sachen, die wir ausgeliehen hatten. Wenn ich dann die Adresse von den Leuten habe, können wir später vielleicht die Sachen den Leuten zustellen. Ihr werdet recht Sorge um mich haben, doch im Augenblick ist bei uns noch alles im Lot, und vielleicht sind wir bald wieder aus dem Dreck heraus, also mache Dir keine Sorgen. […] Habt Ihr schon etwas von Willy und Fritz gehört, oder noch immer nicht? Ich glaube, liebe Thea, daß der Krieg in diesem Jahr noch sein Ende findet, dann wird es auch wieder schön bei uns. Wie ist es bei Euch im Westen, denn wir hören ja nichts, Radio haben wir keins.
Nun seid zum Schluß recht herzlich gegrüßt und vieltausendmal geküßt von Eurem Theo und Vati.
Entschuldige die Schrift, denn ich habe auf den Knien geschrieben. Auf Wiedersehen!

(Aus: Jörg Echternkamp, Kriegsschauplatz Deutschland 1945. Leben in der Angst, Hoffnung auf den Frieden. Feldpost aus der Heimat und von der Front, Paderborn: Schöningh 2005, Dokument 24)

1. *Stell dir vor, der Brief wäre an dich und deine Mutter gerichtet gewesen und auch angekommen. Welchen Eindruck hättet Ihr von der Lage Eures Vaters gehabt? Was sind seine Sorgen, was seine Hoffnungen? Denke dabei an die möglichen Folgen der Zensur.*
2. *Sammele in der Bibliothek Informationen über das Kriegsgeschehen an der Ostfront im Frühjahr 1945 und vergleiche sie mit dem Inhalt des Briefes.*
3. *Der Absender erkundigt sich nach seiner Familie. Schreibe einen Antwortbrief und berichte über deinen Alltag im Krieg. Dabei könntest Ihr zum Beispiel auf folgende Fragen eingehen:*
   - *Wie macht sich die lange Abwesenheit des Vaters bemerkbar?*
   - *Wurde deine Stadt, deine Wohnung durch Bomben beschädigt oder gar zerstört? Musst du oft in einen Luftschutzbunker gehen?*
   - *Wie beeinträchtigen die Zerstörungen deinen Alltag (Essen, Stromversorgung, Schule, Nachtruhe)?*

„Nie wieder Krieg!“

Nie wieder Krieg! Lithographie von Käthe Kollwitz 1924. Aus Anlass des mitteldeutschen Jugendtages 1924 zeichnete die Berliner Künstlerin Käthe Kollwitz dieses Plakat.

1. *Beschreibe das Bild und erläutere seine Aussage.*
2. *Informiere Dich anhand eines Lexikons u. ä. über Käthe Kollwitz und die Motive, die sie veranlassten, dieses Bild zu zeichnen.*
3. *Schreibe einen Zeitungsartikel über die Geschichte der Friedensbewegung.*

Farid Boudjellal: Jude – Araber, Kiel 1991, S. 3Aus: ISRAEL PROJEKTWOCHE, BUNDESZENTRALE FÜR POLITISCHE BILDUNG, 2002

1. *Beschreibe die Karikatur, erläutere die Ursachen des Nah-Ost-Konflikts und diskutiere Lösungsmöglichkeiten.*

Terror: Der Krieg des 21. Jahrhunderts

Anfang 2004 veröffentlichte das Nachrichtenmagazin „DER SPIEGEL" ein Sonderheft mit dem Titel „Terror: Der Krieg des 21. Jahrhunderts".

1. *Informiere Dich anhand des Internets, von Lexika oder durch Befragung von Eltern oder Verwandten über die dort abgebildeten Ereignisse.*
2. *Wie stellt sich die Situation heute dar? Beschreibe kurz die Entwicklung seit dem Erscheinen des Heftes.*

Bildnachweis

Umschlag, oben: Bridgeman Art Library [Giraudon] (London), unten: AKG (Berlin);
3, 3.1: BPK (Berlin), **3.2:** Giovanni et Muriel DAGLI ORTI (Paris), **3.4:** AKG (Berlin), **3.5:** BPK (Berlin);
4, 4.1: Picture-Alliance [dpa/ZB/Hubert Link] (Frankfurt), **4.2:** aus: Günther Drommer: Im Kaiserreich. Alltag unter den Hohenzollern 1871–1918. Faber & Faber, Leipzig 2003, S. 207, **4.3:** Interfoto [Archiv Friedrich] (München), **4.4:** BPK (Berlin / (c) VG Bild-Kunst Bonn 2005);
5, 5.2: Getty Images [Time Life Pictures] (München), **5.3** Daily Mail (London 1962), **5.4:** AKG (Berlin), **5.5:** Interfoto [Archiv Friedrich] (München). **5.6:** Picture-Alliance (Frankfurt), **5.7:** Friedensbewegung (Heilbronn);
7, 7.1: AKG (Berlin), **7.2:** Giovanni et Muriel DAGLI ORTI (Paris);
8, 8.1: Hanel/CCC,www.c5.net, **8.2:** Haus der Geschichte der Bundesrepublik Deutschland [Peter Leger] (Bonn), **8.3:** CCC/www.c5.net [Murschetz] (Pfaffenhofen a.d. Ilm), **8.4:** Neue Osnabrücker Zeitung v. 6. 12. 1991 [Fritz Wolf];
9, 9.1: Pixtal [RF] (New York), **9.2:** AKG (Berlin), **9.4:** BPK [RMN/Gérard Blot] (Berlin);
10, 10.1: Haitzinger/CCC,www.c5.net, **10.2:** Peter Bensch (Köln), **10.3:** CCC,www.c5.net;
11: Mary Evans Picture Library (London);
13: AKG (Berlin);
14: Stadtarchiv Karlsruhe, Sign.8/PBS XVI 48;
15: BPK (Berlin);
16: Bayerische Staatsbibliothek (München);
19, 19.1: AKG (Berlin), **19.2:** Punch Library (London);
20: Corbis (Düsseldorf);
21: aus: Larry E. Tise: Proslavery. A History of the Defense of Slavery in America, Athens and London: The University of Georgia Press 1987, S.105;
23: AKG (Berlin);
24: AKG [Bibliothèque Nationale] (Berlin);
25, 25.1: AKG (Berlin), **25.2:** Picture-Alliance (Frankfurt);
26: DHM (Berlin), BPK (Berlin), Bridgeman Art Library [(Giraudon] (London), Corbis [Bettmann] (Düsseldorf);
30: ullstein bild [Archiv Gerstenberg] (Berlin);
31, 31.1: Sächsische Landesbibliothek (Dresden), **31.2:** AKG (Berlin);
34: AKG (Berlin);
35: ullstein bild (Berlin);
36: BPK (Berlin);
39: Stiftung Saarländischer Kulturbesitz, Saarlandmuseum (Saarbrücken);
40, 40.1: Landesmedienzentrum/Regierungskasse [Gustav Rittstieg] (Koblenz), **40.2:** Historisches Museum der Pfalz (Speyer);
42: ullstein bild (Berlin);
43, 43.1: aus Karikatur als Waffe, hg. von Gerhard-Lengemeyer, Prestel-Verlag, 1984, S. 179, **43.2:** BPK (Berlin);
49, 49.1: AKG (Berlin), **49.2:** BPK (Berlin), **49.3:** ullstein bild (Berlin), **49.4:** AKG (Berlin), **49.5:** Corbis (Düsseldorf), **49.6:** AKG (Berlin);
50: Stadtarchiv Gütersloh (Gütersloh);
52: BPK (Berlin);
53, 53.1: Friedrich-Ebert-Gedenkstätte (Heidelberg), **53.2:** AKG (Berlin);
55, 55.1: Underberg KG (Rheinberg), **55.2:** Teekanne GmbH, **55.3:** AKG (Berlin), **55.5:** HENKEL KGAA (Düsseldorf);
56: Bundesarchiv-Militärarchiv (Freiburg im Breisgau);
57, 57.1: ullstein bild (Berlin), **57.2:** Germania, Nr. 527, v. 10. 11. 1918, **57.3:** Neue Preußische Zeitung, Nr. 297, v. 29.6.1914, **57.4:** Frankfurter Zeitung, Nr. 811, v. 9. 11. 1918, **57.5:** Vorwärts, Nr.196, v. 20. 7. 1917, **57.6:** Neue Preußische Zeitung, Nr. 107, v. 28. 2. 1916;
58, 58.1: BPK (Berlin), **58.2:** AKG (Berlin);
62, 62.1: AKG (Berlin), **62.2:** ullstein bild (Berlin), **63.3:** ullstein bild (Berlin), **63.4:** Corbis [Hulton-Deutsch Collection/Todd] (Düsseldorf);
65: AKG (Berlin);
67: ullstein bild (Berlin);
69: AKG (Berlin), VG Bild-Kunst (Bonn 2005);
71: ullstein bild (Berlin);
72, 72.1: AKG (Berlin), **72.2:** Süddeutscher Verlag (München);
73, 73.1: Süddeutscher Verlag (München), **73.2:** ullstein bild (Berlin);
74, 74.1: AKG (Berlin), **74.2:** BPK (Berlin);
76: Langewiesche-Brandt Verlag (Ebenhausen);
77: VG Bild-Kunst (Bonn 2005);
78, 78.1: Bundesarchiv (Koblenz), **78.2:** aus: Wolfgang Benz, Geschichte des Dritten Reiches, München, C.H.Beck, S. 83, **78.3:** ullstein bild [Archiv Gerstenberg] (Berlin);
81: aus: Werner Finck: Finckenschläge, Herbig Verlagsbuchhandlung GmbH, München 1965;
82: BPK (Berlin);
83, 83.1: BPK (Berlin), **83.2:** AKG (Berlin), **83.3:** BPK (Berlin), **83.4:** Frost (Bad Pyrmont);
84: Sterling Lord Literistic (New York);
91, 91.1: Presse- und Informationsamt (Berlin), **91.2:** ullstein bild (Berlin);
92: Keystone (Hamburg);
93: Sigrid Galke (Berlin);
97, 97.1–3: Picture-Alliance [dpa] (Frankfurt), **97.4:** Picture-Alliance [dpa/Kai-Uwe Wärner] (Frankfurt);
98: Picture-Alliance [dpa/DB/Fabrizio Bensch] (Frankfurt);
99: Picture-Alliance [dpa/Stephanie Pilick] (Frankfurt);
100: Militärhistorisches Museum der Bundeswehr Dresden, Inventar-Nr. BAAM 7123;
101: BPK (Berlin), VG Bild-Kunst (Bonn 2005);
102: aus: Jude-Araber, von Farid Boudjellal, Semmel Verlag, Kiel, 1991, S. 3;
103: Spiegel Spezial, Hamburg, 2004;

Nicht in allen Fällen war es uns möglich, den Rechteinhaber der Abbildungen ausfindig zu machen. Berechtigte Ansprüche werden selbstverständlich im Rahmen der üblichen Vereinbarungen abgegolten.